Amna Mohammed
Nabil Munassar

Análise de oportunidades para o desenvolvimento de um sistema de informação

Amna Mohammed
Nabil Munassar

Análise de oportunidades para o desenvolvimento de um sistema de informação

ScienciaScripts

Cover image: www.ingimage.com

This book is a translation from the original published under ISBN 978-613-8-14240-9.

Publisher:
Sciencia Scripts
is a trademark of
Dodo Books Indian Ocean Ltd. and OmniScriptum S.R.L publishing group

120 High Road, East Finchley, London, N2 9ED, United Kingdom
Str. Armeneasca 28/1, office 1, Chisinau MD-2012, Republic of Moldova, Europe
Managing Directors: Ieva Konstantinova, Victoria Ursu
info@omniscriptum.com

Printed at: see last page
ISBN: 978-620-8-51210-1

Conteúdo

RECONHECIMENTO

Gostaria de expressar a minha sincera gratidão e apreço às seguintes pessoas que contribuíram para o grande sucesso desta tese limitada:

Expresso a minha profunda gratidão e agradecimento ao meu orientador, o Professor Associado Nabil Manaser, pelo seu apoio e orientação inabaláveis. Os seus comentários e sugestões foram uma grande fonte de inspiração para mim durante o processo de preparação da tese, o que se reflectiu nos resultados desta investigação.

Um agradecimento especial aos meus professores que me ensinaram durante o programa de mestrado e aos membros do Departamento de Estudos Pós-Graduados e Investigação Científica. O vosso apoio e conhecimentos colectivos foram inestimáveis.

Expresso também o meu grande apreço ao Diretor e aos Diretores-Adjuntos do Departamento de Tecnologias da Informação da filial da Yemen Oil Company em Aden, pela sua assistência durante o programa de mestrado.

Gostaria de agradecer aos líderes da minha organização pelo seu enorme apoio e encorajamento contínuo ao longo desta jornada. A vossa confiança nas minhas capacidades tornou este feito possível de uma forma inimaginável.

Tenho uma profunda dívida de gratidão para com a minha família pelo seu apoio e encorajamento constantes. Sem vós, não teria atingido este marco. Estou também grata ao meu círculo de amigos que tem sido uma parte essencial desta jornada, dando-me apoio e encorajamento e mantendo-me responsável.

Por último, tenho de agradecer a Deus Todo-Poderoso, graças a quem esta conquista foi alcançada, que me rodeou de pessoas maravilhosas que me apoiaram e me deu a força e a perseverança para concluir com êxito o meu mestrado.

RESUMO

A integração dos sistemas de informação (SI) nas operações industriais é crucial para melhorar a eficiência, a precisão e a tomada de decisões nas organizações. Este estudo de caso investiga as oportunidades de desenvolvimento de um sistema de informação na Yemen Petroleum Company (YPC), com especial incidência na sua filial de Aden. Destacando a importância da tecnologia da informação no desenvolvimento económico e social, o estudo examina os potenciais benefícios a longo prazo do SI em alinhamento com as fases de apoio financeiro dentro de uma empresa.

Com base numa extensa revisão da literatura, o estudo explora a origem, o estabelecimento e os objectivos estratégicos do YPC, ao mesmo tempo que realça o papel vital dos SI nos ambientes organizacionais modernos. As principais funções dos SI, como a recolha, a análise, o armazenamento e a transferência de dados, são analisadas com base em quadros teóricos de investigadores de renome como Langefors e Symons. Além disso, o estudo explora a aplicação das metodologias Six Sigma - particularmente o processo DMAIC (Definir, Medir, Analisar, Melhorar, Controlar) - para melhorar a qualidade e o desempenho dos SI no YPC.

Os dados foram recolhidos através de um questionário concebido de acordo com as normas Six Sigma, dirigido ao pessoal do departamento de TI da YPC. Os resultados fornecem informações sobre os dados demográficos, as habilitações literárias, os cargos e os níveis de experiência dos participantes. Além disso, o estudo identifica os desafios comuns dos SI na YPC, incluindo deficiências de segurança, problemas de integração e dificuldades de adaptação a mudanças externas.

Foram também avaliadas as medidas de desempenho dos actuais sistemas informáticos, tendo as respostas variado em aspectos como a estabilidade do sistema, a segurança dos dados e a qualidade do apoio técnico. Os resultados sugerem uma necessidade significativa de melhorias nestes domínios. O estudo conclui com recomendações para melhorar o desempenho dos SI, propondo mecanismos de monitorização e melhoria contínuas para garantir a estabilidade e a eficiência a longo prazo dos SI na YPC.

De um modo geral, esta investigação sublinha a necessidade crítica de desenvolver quadros sólidos de SI no YPC, ilustrando o profundo impacto da implementação estratégica de SI no sucesso organizacional e na resiliência num cenário tecnológico em rápida evolução.

Palavras-chave: Sistema de Informação, Six Sigma, Análise de Oportunidades, Desenvolvimento de SI, YPC,

CAPÍTULO 1

1.1 Introdução:

À medida que o tempo avança, os sistemas de informação desempenham cada vez mais um papel fundamental no avanço social e económico das nações. Para tal, é necessário melhorar as normas em vários sectores, incluindo o comércio, as finanças, a ciência e a indústria, através da aplicação de sistemas e tecnologias de informação (Jessup e Valacich, 2003).
Tendo em conta estes desenvolvimentos, as tecnologias da informação, as tecnologias de fabrico e os conceitos conexos estão a evoluir rapidamente. Por conseguinte, é essencial considerar o potencial de desenvolvimento a longo prazo dos sistemas de informação, que está diretamente correlacionado com o apoio financeiro prestado durante fases específicas numa empresa (Voynarenko, M., Dzhuliy, V., & Yemchuk, L., 2016).
A principal função de um sistema de informação (SI) consiste em recolher, analisar, armazenar e transferir dados relevantes para apoiar as operações de gestão de qualquer empresa (Hailu, T., 2014). Um sistema de informação é um conjunto integrado de componentes concebidos para recolher, armazenar e processar dados e, ao mesmo tempo, fornecer informações, conhecimentos e produtos digitais. As empresas e organizações dependem dos sistemas de informação para gerir eficazmente as suas operações, interagir com clientes e fornecedores e manter a competitividade no mercado. Estes sistemas facilitam a gestão de cadeias de fornecimento interorganizacionais e de mercados electrónicos. Por exemplo, as empresas utilizam sistemas de informação para o processamento financeiro e a gestão de recursos humanos. Muitas das grandes empresas estão fundamentalmente estruturadas em torno destes sistemas.
Como os sistemas de informação permitem uma gama mais vasta de actividades humanas, influenciam significativamente a sociedade. Aceleram as tarefas diárias, promovem o desenvolvimento de novas relações, têm impacto nas estruturas e composições das empresas e redefinem a natureza do trabalho. A informação e o conhecimento surgem como activos económicos cruciais. No entanto, a par de novas oportunidades, a dependência dos sistemas de informação introduz novos desafios. A inovação contínua da indústria e a investigação académica continuam a explorar novas oportunidades no âmbito dos SI (Zwass, V., 2024).
Esta investigação centra-se na análise das oportunidades de desenvolvimento de um sistema de informação na Yemen Petroleum Company (YPC). O questionário para este estudo foi elaborado com base nas normas Six Sigma.

1.2 Problema de investigação:

Quais são as oportunidades de desenvolvimento de um sistema de informação na Yemen Petroleum Company?
O investigador precisa de explorar oportunidades para melhorar os sistemas de informação na Yemen Petroleum Company. Isto envolve a avaliação dos actuais sistemas de informação na sucursal de Aden da YPC, destacando os seus pontos fortes e fracos. Além disso, o objetivo é identificar oportunidades para melhorar estes sistemas de informação de modo a corresponderem melhor aos requisitos da empresa. O estudo inclui também uma avaliação das potenciais consequências associadas à adoção e ao desenvolvimento destes sistemas de informação.

1.3 Objectivos da investigação:

1. Avaliar os sistemas de informação existentes na sucursal de Aden do YPC, incluindo os pontos fortes e fracos.

2. Identificar melhorias específicas no desenvolvimento de sistemas de informação para responder às necessidades da empresa.

3. Avaliar o impacto potencial da adoção de sistemas de informação em desenvolvimento no YPCA.

1.4 Importância da investigação:

O significado da investigação consiste em analisar as oportunidades de desenvolvimento de sistemas de informação na sucursal de Aden da Yemen Petroleum Company (YPCA), tendo em vista a sua capacidade de desenvolver o ambiente operacional da empresa. Ao investigar meticulosamente e aproveitar as oportunidades de desenvolvimento de sistemas de informação, esta investigação está preparada para inaugurar uma nova era de eficiência, agilidade e competitividade para a YPC. A adoção de sistemas de informação avançados promete otimizar os processos internos.

1.5 Âmbito do trabalho:

Avaliação do sistema atual: Avaliar os pontos fortes e fracos dos actuais sistemas de informação do YPC na sucursal de Aden.

1.6 Estrutura do estudo :

Este estudo é composto por seis capítulos organizados da seguinte forma: o primeiro capítulo inclui os antecedentes, o enunciado do problema, os objectivos, a importância da investigação, a metodologia e o âmbito do trabalho.

O segundo capítulo inclui uma revisão da literatura, na qual será apresentado um grande número de artigos relacionados com o tema em estudo.

O capítulo três incluirá os componentes metodológicos da investigação, ou seja, a conceção da investigação, a amostra, os instrumentos de recolha de dados, a fiabilidade e a validade que serão utilizados para a recolha de dados.

O quarto capítulo analisa e discute os resultados obtidos em relação às questões de investigação do estudo.

O capítulo 5 apresenta a discussão.

O sexto capítulo apresenta as conclusões e fornece algumas recomendações e implicações para estudos futuros.

Resumo:

À medida que as nações progridem, os sistemas de informação desempenham um papel cada vez mais vital no progresso social e económico, com impacto em várias indústrias. A rápida evolução das tecnologias de informação e de fabrico sublinha a importância do desenvolvimento a longo prazo destes sistemas, que está intimamente ligado ao apoio financeiro em diferentes fases de uma empresa. Os sistemas de informação (SI) são essenciais para a recolha, análise, armazenamento e transferência de dados de apoio à gestão das empresas, o que os torna fundamentais para o seu funcionamento e competitividade.

Esta investigação centra-se na identificação de oportunidades para melhorar os sistemas de informação na Yemen Petroleum Company (YPC), especificamente na sua sucursal de Aden. O estudo visa avaliar os pontos fortes e fracos dos sistemas actuais, identificar áreas de melhoria e avaliar o impacto potencial dessas melhorias. Ao fazê-lo, a investigação procura contribuir para a eficiência operacional, a agilidade e a competitividade da empresa através do desenvolvimento de sistemas de informação avançados.

CAPÍTULO 2

Revisão da literatura:

2.1 Introdução:

Os sistemas de informação (SI) são elementos vitais para apoiar e melhorar o desempenho das organizações na era moderna. O sucesso das organizações depende cada vez mais da capacidade de recolher, processar e analisar dados de forma eficaz, tornando os sistemas de informação uma ferramenta estratégica para atingir os objectivos institucionais e proporcionar vantagens competitivas. Neste capítulo, faremos uma revisão de estudos anteriores sobre o desenvolvimento de sistemas de informação, centrando-nos em modelos teóricos, aplicações práticas e metodologias utilizadas para melhorar o desempenho dos SI.

O estudo da evolução dos sistemas de informação é um tema multifacetado que inclui aspectos técnicos, gerenciais e sociais. A investigação neste domínio começou há décadas, com o avanço da tecnologia e a crescente importância da informação como um ativo estratégico. Os estudos anteriores abrangem uma vasta gama de tópicos, desde a conceção, desenvolvimento e implementação até à avaliação e melhoria contínua dos sistemas de informação.

Exploraremos metodologias como o Six Sigma, que são utilizadas para melhorar a qualidade e o desempenho dos sistemas de informação. Além disso, examinaremos a investigação que estudou os desafios da aplicação de sistemas de informação em diferentes ambientes, incluindo questões relacionadas com a segurança, integração e adaptação a mudanças externas.

Esta análise de estudos anteriores ajudar-nos-á a compreender o contexto histórico e os desenvolvimentos recentes no domínio dos sistemas de informação, proporcionando uma base sólida para a construção da nossa investigação atual sobre o desenvolvimento de sistemas de informação na Yemen Petroleum Company (YPC). Através da análise de estudos anteriores, podemos identificar lacunas de conhecimento e orientar os nossos esforços de investigação para colmatar essas lacunas e dar contributos novos e eficazes para este importante domínio.

2.2 Visão geral sobre o YPCA

YEMEN PETROLEUM COMPANY ADEN BRANCH

1.2.2 Visão

Alcançar uma posição de destaque na comercialização de produtos petrolíferos no mercado local com maquinaria moderna e especificações distintas.

2.2.2 Estratégia

Assegurar o fornecimento de derivados do petróleo ao mercado local.

3.2.2 O YPCA

A Yemen Petroleum Company, Aden Branch, é considerada uma das sucursais da Yemen Petroleum Company, associada ao Ministério do Petróleo e dos Minerais. Trata-se de uma empresa nacional detida a 100% pelo Estado. A empresa foi criada nos termos da Decisão n.º 191 de 1990, emitida pelo Conselho de Ministros, relativa à fusão de todas as unidades, instituições e empresas estatais com atividade económica semelhante. Das duas empresas petrolíferas de Aden e Sanaa no âmbito de uma única empresa.

4.2.2 Origem e criação

A primeira fase foi quando foi criada com o nome de Yemen National Oil Company, com base na Declaração Legal n.º 33 de 1970 d.C. relativa à Resolução n.º 38 da Corporação

Económica de 1970 d.C., emitida em 1 de março de 1970 d.C. e com base no texto do artigo 5. Geral e do Planeamento Nacional n.º (37), emitida em 27 de novembro de 1969 d.C. e em conformidade com o artigo (1): que estipulava a criação de uma empresa associada à Autoridade Petrolífera - na altura - sob a designação ((Yemeni National Oil Company)), enquanto o artigo (2) da decisão estipulava que o capital nominal da empresa é de duzentos e cinquenta mil dinares iemenitas e o capital realizado é de (cinquenta mil dinares iemenitas), desde que o capital seja revisto após a conclusão da determinação dos activos líquidos. O n.º 3 do artigo da decisão estipula o seguinte

A sede principal da empresa situa-se na cidade de (Aden). A segunda fase foi quando a sucursal da empresa foi estabelecida como uma das sucursais afiliadas à Administração Geral da Companhia Petrolífera do Iémen em Sana'a, conhecida como ((Companhia de Distribuição de Produtos Petrolíferos)), na sequência do estabelecimento da República do Iémen em 22 de maio de 1990 d.C. e em conformidade com as orientações do Estado - nessa altura - no sentido de fundir empresas e instituições com actividades semelhantes em questões económicas semelhantes, e da emissão da Resolução do Conselho de Ministros n.º (191) de 1990 d.C., especificamente emitida em 12/5/1990 .

2.3 Sistemas de informação

Os sistemas de informação (SI) são sistemas que prestam serviços de informação (Argyropoulou 2013) e destacam tanto o "aspeto dos sistemas como o aspeto da informação (ou aspeto info-lógico)". O aspeto da informação indica que o objetivo principal dos dados armazenados é transmitir informações às pessoas (e aos processos). Em contraste, o aspeto dos sistemas enfatiza "a importância da integração alcançada através das relações entre as partes, os dados, os processos, os utilizadores.

Considerando o aspeto dos sistemas, é evidente que o termo integração é parte integrante desta abordagem, com implicações significativas, uma vez que os dados, as pessoas, os processos e o ambiente são todos entidades dentro do sistema (Symons, 1991). Os indivíduos podem aceder a determinados dados a partir de qualquer parte do sistema, independentemente de quem introduziu os dados e, do mesmo modo, os dados e os programas podem ser utilizados a partir de qualquer parte do sistema, no âmbito do mesmo quadro concetual. No entanto, o termo sistema SI incorpora o conceito de "todo" (Wolstenholme, 2003), caracterizado pela coerência interna e pelo entendimento de que "o todo é maior do que a soma das suas partes" (Symons, 1991).

1.3.2 Componentes dos sistemas de informação

Os principais componentes dos sistemas de informação são o hardware e o software informático, as telecomunicações, as bases de dados e os armazéns de dados, os recursos humanos e os procedimentos. O hardware, o software e as telecomunicações constituem a tecnologia da informação (TI), que está atualmente enraizada nas operações e na gestão das organizações. Zwass,V.(2024) information system. Enciclopédia Britânica.

No mundo de hoje, o avanço das tecnologias da informação está a revolucionar a forma como vivemos a vida em geral. Tornou-se inevitável para os países envolverem os seus processos e actividades administrativas como um sistema, um sistema de informação, com as novas capacidades das TI. No entanto, os países em desenvolvimento ainda têm de considerar uma abordagem contextual para implantar tecnologias adequadas que também devem potenciar os aspectos não técnicos para fazer face à nova intervenção. Isto exige um esforço de colaboração e interligação na conceção e adoção das soluções tecnológicas pretendidas e o efeito de alavanca social necessário, daí uma abordagem sociotécnica da solução global. Este artigo identifica as principais oportunidades e os principais desafios que os países em desenvolvimento enfrentam ao implementar um novo sistema de informação (SI) do domínio global Yigzaw e TUKIAINEN Professor 2021).

O objetivo deste estudo é expressar as experiências, as ideias, as necessidades e a utilização das tecnologias da informação para o desenvolvimento de sistemas de informação de gestão numa instituição de ensino superior. Este estudo é uma investigação de abordagem qualitativa que utiliza o método de estudo de caso (Mukhtar et al. 2020).

O artigo analisa o processo de negócio do sistema de gestão de informação do mercado de serviços públicos de tecnologia de engenharia de campos petrolíferos através da modelação UML. Em seguida, de acordo com os requisitos de trabalho do pessoal do departamento de engenharia e gestão técnica do ramo petrolífero, foram efectuados os requisitos de desempenho e a análise dos requisitos funcionais. Em particular, é efectuada uma análise detalhada dos requisitos funcionais de cada subfunção. A experiência verifica que o sistema de informação pode recolher, integrar e analisar os dados comerciais comunicados por cada unidade em tempo real e de forma conveniente. Pode formar, com rapidez e exatidão, opiniões para a tomada de decisões e métodos de gestão, o que evita grandemente o erro de processo no estabelecimento da capacidade de produção. A criação do sistema de informação do mercado de serviços públicos de tecnologia de engenharia proporciona maior poder e serviço (Li 2020).

O artigo destaca a relação entre a eficácia do processo de gestão e a disponibilização de informação sobre as decisões de gestão, e fundamenta o papel crucial dos mais recentes sistemas de informação na obtenção do sucesso comercial e inovador da empresa, e no aumento da sua rentabilidade. De acordo com os resultados da investigação, os autores sublinham a necessidade de encontrar formas de desenvolvimento e melhoria contínuos dos sistemas e tecnologias de informação como condições obrigatórias para a sua utilização. Propõe-se uma abordagem científica e metódica para o cálculo do indicador integral da eficácia do plano de medidas de melhoria e desenvolvimento do sistema de informação da empresa, o que proporciona uma oportunidade para otimizar os custos e fundamentar a eficácia do desenvolvimento do sistema de informação da empresa (Ternopil's'kyi nats'nyi ekonomichnyi universytet & Institute of Electrical and Electronics Engineers, n.d.2019).

Os sistemas de informação (SI) parecem prevalecer nas sociedades modernas, o que resultou na rápida digitalização de diferentes sectores da sociedade. Um domínio de aplicação dos SI são os sistemas de resposta a emergências (ERS), responsáveis pela prestação de serviços essenciais para salvar vidas e minimizar os danos ambientais em emergências de pequena, frequente e grande escala. As aplicações específicas dos SI são, por sua vez, utilizadas nos SRE para apoiar aspectos como a tomada de decisões, a comunicação, a partilha de informações e o envio de recursos. Os cortes no sector público e a falta de recursos profissionais afectaram negativamente a resposta a emergências, ao mesmo tempo que as catástrofes naturais e de origem humana (por exemplo, incêndios florestais, tempestades, ataques terroristas) se intensificaram nas últimas décadas (Yousefi Mojir 2018).

São investigadas as caraterísticas de desenvolvimento dos sistemas e tecnologias da informação. É efectuada a análise do seu impacto na formação da sociedade da informação. Considera-se o nível atual do desenvolvimento da Ucrânia em diferentes direcções da indústria da informação. As vantagens e perspectivas de desenvolvimento da indústria nacional de TI são atribuídas. O papel dos sistemas de informação no desenvolvimento de uma economia que se baseia no conhecimento e na informação é determinado. São considerados os tipos de sistemas de informação e a sua funcionalidade. É desenvolvida a abordagem para melhorar o processo de avaliação na modelação dos sistemas de informação e na empresa. Cria as condições para ter em conta todos os custos durante o processo de implementação da tecnologia da informação, também em relação ao processo dinâmico de mudanças de valor para apoiar o funcionamento do sistema de informação da empresa. Palavras-chave: sistemas de informação, tecnologia, sociedade, modelação da informação, economia do conhecimento, gestão empresarial, processo, dinâmica do valor (Voynarenko, Dzhuliy e Yemchuk 2016).

Quadro 2.1 Resumo das investigações Sistemas de informação

Investigador	Título	Problema	Objetivo	Resultados
(Yigzaw e TUKIAINEN Professor 2021)	Sistemas de informação nos países em desenvolvimento: Oportunidades e desafios	os países em desenvolvimento ainda têm de considerar uma abordagem contextual para a implantação de tecnologias adequadas que também devem potenciar os aspectos não técnicos para fazer face à nova intervenção	explora as oportunidades que As economias em desenvolvimento têm de introduzir sistemas de informação em várias organizações e na governação, e os desafios que requerem a devida atenção no planeamento e conceção dessas soluções de sistema	recomendar um quadro para o desenvolvimento de sistemas de informação nos países em desenvolvimento, na perspetiva dos sistemas sociotécnicos
(Mukhtar et al. 2020)	O Desenvolvimento de Sistemas de Informação Baseados na Gestão do Conhecimento em Instituições de Ensino Superior	Como é que a análise do sistema de informação do programa de estudos se baseia no intercâmbio, nas experiências, nas ideias e nas iniciativas dos estudantes e dos professores?	exprimir as experiências, as ideias, as necessidades e a utilização de tecnologias da informação para o desenvolvimento de sistemas de informação de gestão num estabelecimento de ensino superior	Intercâmbio de experiências, ideias e iniciativas Conceção e análise das necessidades Desenvolvimento de um sistema de informação baseado nas tecnologias da informação
(Li 2020)	Investigação sobre o desenvolvimento do petróleo Tecnologia de Engenharia Mercado de serviços públicos Sistema de informação no novo período	que o departamento de gestão dos campos petrolíferos se encontra fora do local de produção. A compreensão das dificuldades no local e dos atrasos de gestão,	analisa o processo de negócio do sistema de gestão da informação do mercado de serviços públicos da tecnologia de engenharia de campos petrolíferos através da	Os resultados da investigação resolvem o problema de o departamento de gestão dos campos petrolíferos estar afastado do local de produção. A compreensão das dificuldades e dos

		e através da tecnologia de fluxo de trabalho	modelação UML	atrasos de gestão no local e, através da tecnologia de fluxo de trabalho, a declaração e a aprovação de negócios entre locais e departamentos funcionam através da rede, resolvendo a declaração e a aprovação de negócios tradicionais durante muito tempo, fazendo com que o pessoal da empresa possa realizar o negócio de gestão de tecnologia de engenharia com uma variedade de redes e uma variedade de dispositivos terminais, e livrar-se do ambiente hostil no local e não conseguir comunicar atempadamente as dificuldades de dados.
(Nasyrov2019)	Os mais recentes sistemas de informação na gestão empresarial e as tendências do seu desenvolvimento	Os sistemas e tecnologias da informação são extremamente dinâmicos. A sua utilização e o seu desenvolvimento são acompanhados pela emergência de novos problemas ligados tanto à informação como às tecnologias da informação.	investigar o potencial funcional dos mais recentes sistemas de informação na gestão das empresas, tratamento da sua informação económica e formação	A tarefa de otimizar diferentes tipos de actividades empresariais com base no critério do custo com uma determinada eficiência é relevante para os sistemas de gestão e investigação das empresas
		funcionamento dos sistemas de informação e às correspondentes mudanças estruturais na empresa, que ocorrem sob a sua	da prestação de informações sobre os processos de gestão, bem como a resolução de tarefas urgentes relacionadas com a necessidade de	organizações. A gestão das actividades da empresa é contínua e assenta em fluxos de informação que asseguram a interligação entre os elementos do seu

		influência (transição para outra política, um novo tipo de trabalho, negócios, formalização de operações, utilização de redes interactivas, aumento das qualificações dos empregados, etc.).	desenvolvimento contínuo dos sistemas de informação e o planeamento de medidas adequadas e a sua justificação com a ajuda de métodos económicos e matemáticos, tendo em conta a relação "custo e eficiência".	sistema de gestão. A circulação e a utilização da informação implicam a implementação de influências de gestão, que são efectuadas com base na tomada de decisões de gestão adequadas.
(Nasyrov et al. 2019)	Riscos de informação no ambiente da nuvem e modelo de sistema de informação seguro baseado na nuvem	segurança da informação quando se trabalha com serviços em nuvem	1. um modelo de sistema de informação baseado na computação em nuvem; 2. Métodos de criação e implantação da nuvem, tendo em conta as restrições de recursos e os requisitos de segurança; 3. Métodos de utilização segura da computação em nuvem nos sistemas de informação;	será possível obter uma avaliação qualitativa dos riscos de informação típicos dos sistemas de informação das empresas com serviços em nuvem.
(Yousefi Mojir, 2018)	Desenvolvimento de sistemas de informação para colaborações intersectoriais emergentes no sector público	Em suma, existe a perceção de uma falta de conhecimentos necessários em matéria de emergência Sistemas de Resposta no contexto internacional e na Suécia Sistemas de Resposta de Emergência, especificamente, para desenvolver SI para	assim, explorar as oportunidades, os desafios e as necessidades relacionadas com a SI, com vista a apoiar intervenientes heterogéneos em sectores transversais emergentes e facilitar o futuro desenvolvimento relacionado com a SI	Os resultados indicam que estas colaborações têm potencial (por exemplo, redundância de recursos, melhores comunicações, competências comuns para aumentar a capacidade total) para melhorar os sistemas suecos de resposta a emergências e que podem ser apoiadas por um suporte SI adequado.

(Voynarenko et al. 2016)	Desenvolvimento de sistemas de informação e modelação da sua implementação na empresa	análise do seu impacto na formação da sociedade da informação	Determinar o papel dos sistemas de informação no desenvolvimento de uma economia baseada no conhecimento e na informação. Considerar os tipos de sistemas de informação e as suas funcionalidades. Refletir sobre a abordagem a adotar para melhorar o processo de avaliação.	desenvolveu uma abordagem para melhorar a modelação do processo de implementação de sistemas de informação na empresa.

Resumo:

Este capítulo começa por realçar a importância dos Sistemas de Informação (SI) na melhoria do desempenho organizacional e na consecução dos objectivos estratégicos. A revisão da literatura aprofunda a evolução histórica dos SI, abrangendo vários aspectos como a conceção, o desenvolvimento e a melhoria contínua, explorando também metodologias como o Six Sigma que melhoram a qualidade e o desempenho dos SI. O capítulo inclui uma visão geral da Yemen Petroleum Company, Aden Branch (YPCA), delineando a sua visão, estratégia e história, e discute os componentes essenciais dos SI, tais como hardware, software, telecomunicações, bases de dados e recursos humanos. Apresenta também uma análise comparativa de estudos anteriores sobre o desenvolvimento de SI em diferentes contextos, identificando os principais desafios e oportunidades na implementação de SI em países em desenvolvimento, no ensino superior e em sectores especializados como a engenharia do petróleo. Adicionalmente, a revisão discute a aplicação do Six Sigma nos SI, enfatizando o processo DMAIC - uma abordagem estruturada para a resolução de problemas e melhoria contínua, centrada na definição dos objectivos do projeto, na medição e análise de dados, na implementação de melhorias e no controlo dos resultados para garantir a estabilidade a longo prazo. Esta análise abrangente fornece uma base para a investigação atual sobre o desenvolvimento de SI na YPCA, com o objetivo de colmatar lacunas e contribuir eficazmente para o campo.

CAPÍTULO 3

METODOLOGIA

3.1 Introdução

A metodologia de investigação é uma abordagem sistemática para tratar de uma questão específica, envolvendo o estudo das melhores formas de conduzir a investigação. Este capítulo tem como objetivo fornecer uma visão geral e uma justificação das técnicas de recolha e análise de dados, centrando-se nos conceitos de metodologia de investigação. O capítulo procura oferecer uma visão global das estratégias de conceção da investigação, das técnicas de recolha de dados, da análise de dados, bem como da validade, da fiabilidade e de todas as considerações éticas que foram tidas em conta. Além disso, o questionário foi elaborado com base nas normas Six Sigma.

3.2 A conceção da investigação

Dependendo do estudo, o termo "conceção da investigação" pode ter significados diferentes. Por exemplo, a conceção da investigação de um estudo pode englobar todos os aspectos da investigação, incluindo a formulação do problema, a revisão da literatura, as questões de investigação, a metodologia e a conclusão, num estudo, mas pode dizer respeito apenas à metodologia de um estudo noutro. O "plano para realizar um estudo com o máximo controlo sobre os factores que podem interferir com a validade dos resultados" é outra definição de conceção da investigação. Os planos e procedimentos que abrangem todas as decisões relacionadas com o estudo, desde as técnicas gerais às técnicas específicas de recolha e análise de dados, são coletivamente referidos como conceção da investigação (Tshimangadzo Sikhala, 2019).

3.3 METODOLOGIA DE INVESTIGAÇÃO

Foram aplicadas técnicas de metodologia descritiva para responder às questões de investigação. Para ajudar a responder às questões de investigação, a metodologia oferece um conjunto de passos metódicos e lógicos que podem ser seguidos. Dois dos métodos consistem em entregar questionários aos membros do pessoal do departamento de TI e marcar uma entrevista com o diretor de TI do YPCA.

3.4 POPULAÇÃO-ALVO

Esta secção fornece informações detalhadas sobre a população-alvo do estudo e descreve a população da investigação (Phyllis Moore, 2018). Devido ao seu papel fundamental nas economias dos respectivos países, as empresas petroquímicas, em particular a Yemen Petroleum Company (YPCA), foram selecionadas como população-alvo do estudo. O departamento de TI da YPCA constituiu a população do estudo. A investigação centrou-se no pessoal de TI, com o objetivo de analisar as oportunidades de desenvolvimento de sistemas de informação no departamento de TI.

Embora a idade, a posição na empresa e o género não fossem considerações primordiais na conceção do estudo, foram incluídos no questionário para uma análise estatística abrangente (By, Mohammed e Munasser 2023).

Os principais objectivos deste estudo consistiam em recolher opiniões profissionais sobre os seguintes objectivos

Avaliar os sistemas de informação existentes na sucursal de Aden do YPCA, identificando os seus pontos fortes e fracos.

Identificar oportunidades específicas para o desenvolvimento de sistemas de informação que

satisfaçam as necessidades da empresa.
Avaliar o impacto potencial da adoção de sistemas de informação avançados na YPCA.

3.5 AMOSTRAGEM

Cada indivíduo da amostra tinha a mesma probabilidade de ser selecionado, independentemente do seu sexo, idade ou função na empresa (Mishra e Alok, 2022). Os interessados em obter uma cópia dos resultados do estudo podem solicitá-la. Para garantir a confidencialidade dos participantes no estudo, não foram recolhidos nomes, mantendo assim a sua privacidade e assegurando-lhes a confidencialidade (De Shield e Leslie, 2017).

Nesta investigação, a amostragem é constituída por 31 trabalhadores do departamento de TI da YPCA.

3.6 INSTRUMENTO DE INVESTIGAÇÃO

Para recolher os dados necessários para este estudo, foram utilizados questionários como instrumentos de investigação. Estes instrumentos forneceram informações fiáveis sobre a situação no terreno. Devido ao seu baixo custo e à sua capacidade de minimizar os enviesamentos, os questionários foram escolhidos para recolher os dados dos utilizadores. Dada a natureza descritiva deste estudo, foram incluídas perguntas fechadas e abertas.

O principal objetivo do questionário era recolher informações relevantes sobre as oportunidades de desenvolvimento de sistemas de informação na Yemen Petroleum Company.

Os inquéritos oferecem inúmeras vantagens na investigação, incluindo custos mais baixos em comparação com outros métodos de recolha de dados (Ali RAH, 2023).

3.7 RECOLHA DE DADOS

No processo de recolha de dados para esta investigação, foi utilizada a amostragem intencional. Este método foi aplicado de forma sistemática para procurar dados relevantes para as variáveis de estudo relativas às oportunidades de desenvolvimento de sistemas de informação presentes no quadro (Obinna Otti, 2018).

Ao utilizar uma amostragem intencional, o estudo tinha como objetivo obter uma compreensão abrangente da forma de abordar o desenvolvimento de sistemas de informação a partir de várias perspectivas.

Durante esta fase, foram utilizadas as normas Seis Sigma para recolher informações pertinentes para a questão de investigação. Uma vez recolhidos os dados, estes foram objeto de uma análise exaustiva.

3.8 ANÁLISE E INTERPRETAÇÃO DOS DADOS

A primeira fase do processo de análise de dados envolveu o exame das questões de investigação e a determinação do modo como as questões do inquérito as apoiavam. De seguida, os dados foram apresentados num formato de tabela cruzada para facilitar a sua leitura e interpretação. Este formato mostrava a distribuição das respostas dos inquiridos, permitindo uma análise abrangente dos resultados para identificar os dados que apoiavam ou contradiziam as hipóteses do estudo. O SPSS e outro software estatístico foram utilizados para verificar os resultados. A plataforma SPSS forneceu inúmeros filtros e ferramentas organizacionais para processar os dados, extrair informações valiosas e apresentar os dados num formato mais útil (Folx, 2022).

Para a análise das perguntas fechadas, foram utilizados métodos estatísticos descritivos e inferenciais. A análise descritiva dos dados envolveu a organização dos dados em distribuições de frequência, a elaboração de gráficos e a descrição da sua variabilidade. A estatística inferencial permitiu uma análise pormenorizada para tirar conclusões sobre as relações entre duas ou mais variáveis. Para as perguntas abertas, foi utilizada uma abordagem qualitativa para analisar os dados, o que permitiu identificar tendências e tirar conclusões perspicazes (Gerald Wangutusi, 2013).

Medidas como a média e o desvio padrão foram aplicadas aos dados para extrair informações úteis.

3.9 Seis Sigma

O Six Sigma é uma abordagem metódica, centrada em dados, concebida para eliminar defeitos, minimizar as variações do processo e melhorar o desempenho global da organização. Ao fornecer um quadro estruturado para a resolução de problemas e a melhoria contínua, o Seis Sigma desempenha um papel crucial na melhoria dos processos e na gestão da qualidade. A compreensão dos seus princípios é fundamental para entender os seus principais objectivos e metodologia. (Eliza Taylor, 2023)

Processos Six Sigma

O processo DMAIC é uma metodologia de resolução de problemas amplamente utilizada em projectos Six Sigma. Ele oferece um método sistemático para a melhoria de processos, permitindo que as organizações identifiquem e resolvam problemas, reduzam a variação e aumentem o desempenho geral. Vamos nos aprofundar nas especificidades do processo DMAIC:

Definir

Na fase de Definição, o âmbito, os objectivos e os resultados do projeto são explicitamente delineados. O principal objetivo é compreender o problema ou a oportunidade e alinhar as metas do projeto com os objectivos mais amplos da organização.

Medida

Esta fase envolve a recolha de dados relevantes e o estabelecimento de métricas de desempenho de base. É crucial para compreender o estado atual do processo e fornece uma base para a análise e melhoria subsequentes.

Analisar

Durante a fase de Análise, os dados recolhidos são escrutinados para identificar as causas de raiz dos problemas ou variações do processo. O objetivo é obter uma compreensão mais profunda dos factores que contribuem para o problema e identificar as causas mais significativas.

Melhorar

A fase de Melhoria é dedicada à implementação de soluções e à introdução de melhorias no processo com base na análise efectuada nas fases anteriores. O objetivo é otimizar o processo e alcançar os resultados desejados.

Controlo

A fase de Controlo centra-se na manutenção das melhorias introduzidas e na garantia da estabilidade do processo a longo prazo. Isto implica o estabelecimento de mecanismos de controlo para monitorizar e manter o desempenho melhorado do processo.

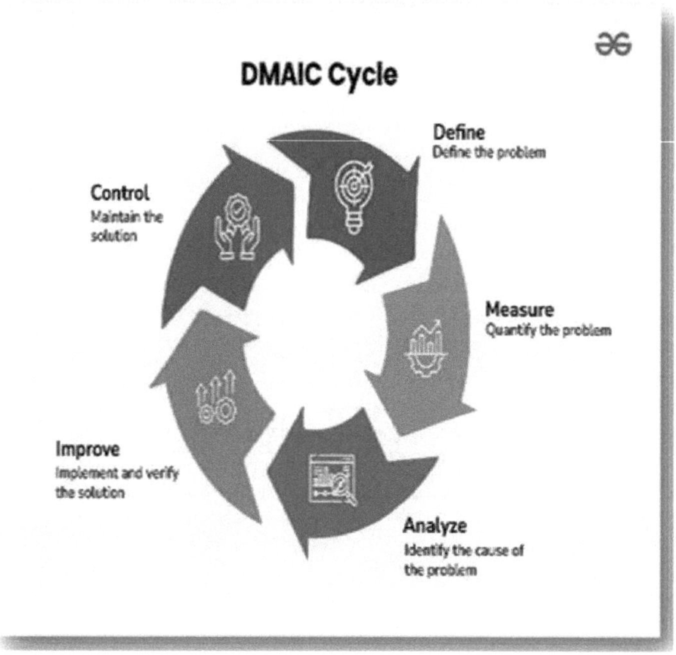

Figura3.1 CICLO DMAIC

Resumo:

O capítulo da metodologia apresenta uma abordagem sistemática da investigação, descrevendo em pormenor os métodos e técnicas utilizados para a recolha e análise de dados. A conceção da investigação serve de modelo, englobando todos os aspectos do estudo, desde a formulação do problema até às conclusões,

garantir o controlo dos factores que podem afetar a validade dos resultados. Foi utilizada uma metodologia descritiva, que envolveu a distribuição de questionários ao pessoal de TI e uma entrevista com o diretor de TI da YPCA. A população-alvo centrou-se no pessoal de TI da Yemen Petroleum Company (YPCA) em Aden, tendo o estudo como objetivo avaliar os sistemas de informação existentes, identificar oportunidades de desenvolvimento e avaliar o impacto dos sistemas avançados.

Na recolha de dados foi aplicada uma amostragem selectiva, com os padrões Six Sigma a garantir a relevância dos dados para os objectivos do estudo. A análise dos dados envolveu métodos estatísticos descritivos e inferenciais, utilizando o SPSS para organizar, interpretar e apresentar os dados. As perguntas fechadas foram analisadas quantitativamente, enquanto as perguntas abertas foram analisadas qualitativamente para identificar tendências e tirar conclusões. Foram utilizadas medidas como a média e o desvio padrão para extrair informações valiosas.

CAPÍTULO 4

Os resultados

Secção Um

Dados demográficos dos participantes 4.1 Questões de carácter pessoal

Distribuição por género:

Tabela 4.1Distribuição por género

Distribuição por género	Total	Percentagem
Feminino	17	54.8
Masculino	14	45.2
Total	31	100.0

De acordo com a Tabela 4.3, 45,2% dos participantes eram homens e 54,8% dos outros eram feminino, como mostra a Figura 4.3.

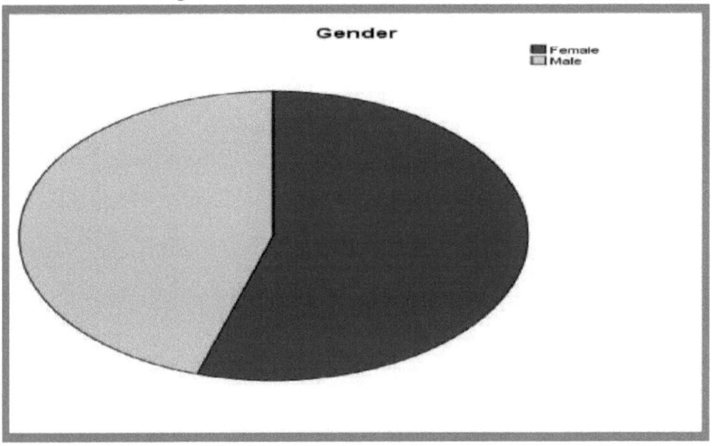

Table 1 .1. Género

❖ **Distribuição etária:**

Table 2 2 Distribuição etária

Distribuição etária	Total	Percentagem
21-25	2	6.5
26-30	8	25.8
31-35	10	32.3
36-40	5	16.1
41-45	2	6.5
Mais de 45	4	12.9
Total	31	100.0

A distribuição etária dos empregados do departamento de TI está dividida em seis grupos, como mostra a Tabela 4.4. O primeiro grupo (21 a 25 anos), 2 pessoas no total, representa

6,5%. O segundo grupo (26-30 anos) tem 8 pessoas, ou seja, 25,8%. 10 pessoas constituem o terceiro grupo (31 a 35 anos), que representa 32,3% do total. 5 pessoas constituem o quarto-terceiro grupo (36 a 40 anos), que representa 16,1% do total. O último grupo (mais de 45 anos) conta com um total de 4 participantes, ou seja, 12,9%, como ilustrado na Figura 4.4

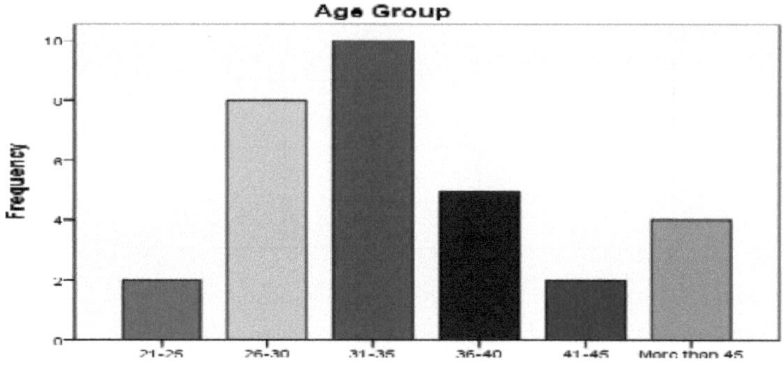

Figura 4.2. Distribuição etária

❖ Nível de ensino:

Table 3 3 Nível de ensino

Nível de educação	Total	Percentagem
Diploma	2	6.5
Bacharelato	27	87.1
Mestrado	2	6.5
Total	31	100.0

Os membros do pessoal do departamento de TI são categorizados em três grupos com base nas suas habilitações literárias na Tabela 4.6. que representa 15% de todos os certificados. A maioria dos participantes tem um diploma de bacharelato, 27 pessoas, o que representa 87,1%. O grau de mestre, detido por 2 dos participantes, representa 6,5%. Figura 4.6

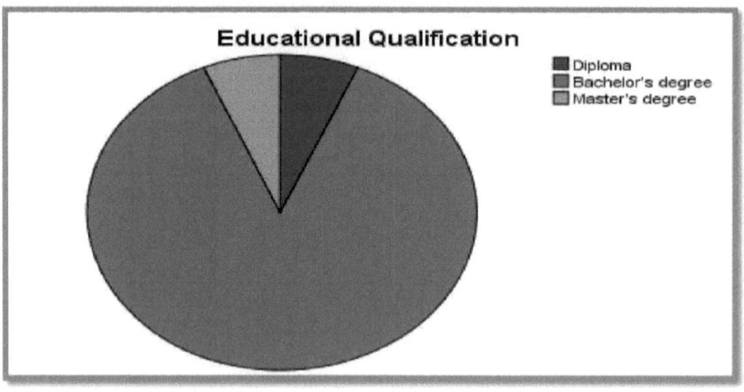

Figura 4.3. Nível de educação

❖ Cargo atual:

Table 4 4 Cargo atual:

Cargo atual	Total	Percentage

		m
Diretor de gestão	5	16.1
Chefe de departamento	4	12.9
Empregado	22	71.0
Total	31	100.0

O Quadro 4.3 mostra que as actuais funções no departamento de TI estão divididas em três posições: a primeira é a de diretor e tem 5 diretores, a segunda tem 5 chefes de departamento e a terceira tem 22 empregados.

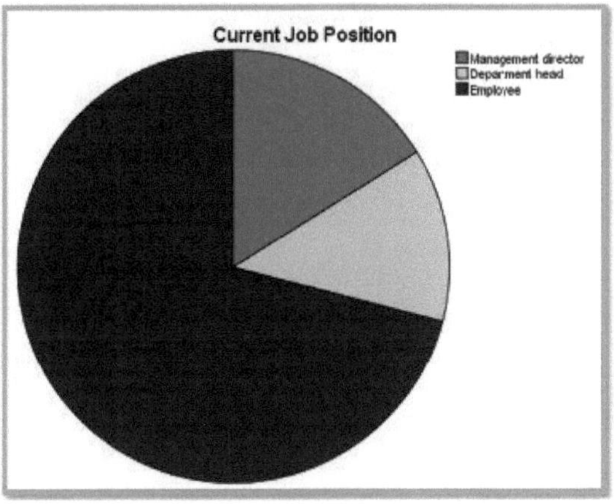

Figura 4.4. Cargo atual:

❖ **Gama de experiências:**

Tabela 4.5. Intervalo de experiência

Faixa de experiência	Total	Percentagem
Menos de um ano	1	3.2
1-2 anos	15	48.4
3-5 anos	6	19.4
6-10 anos	4	12.9
Mais de dez anos	5	16.1
Total	31	100.0

Os membros do pessoal do departamento de TI são categorizados em cinco grupos com base no seu grau de experiência, como mostra a Tabela 4.5. No primeiro grupo (menos de um ano), há uma pessoa, num total de uma pessoa, ou seja, 3,2%. O segundo grupo (1-2 anos) é constituído por 15 pessoas, ou seja, 48,4%. No terceiro grupo (3-5 anos), estão 6 pessoas, ou seja, 19,4%. Há 4 pessoas no quarto grupo (6-10 anos), ou seja, 12,9% do total. O último grupo (Mais de dez anos) tem um total de 5 pessoas, ou seja, 16,1%, de acordo com a Figura 4.5.

Figura 4.5. Experiência Rang

4.2 Secção Dois: Análise das oportunidades

1- Problemas ou desafios dos sistemas de informação no sector petrolífero do Iémen

Empresa

Tabela 4.6. Problemas ou desafios

Problemas ou desafios dos sistemas de informação no Iémen Empresa petrolífera	Total	Percentagem
Deficiências na segurança e na proteção de dados	5	16.1
Falta de integração e compatibilidade entre diferentes sistemas	10	32.3
Dificuldade de adaptação às mudanças nas exigências do trabalho e no ambiente externo	4	12.9
Deficiência na qualidade dos dados e dificuldade de acesso aos mesmos	2	6.5
Falta de flexibilidade e de capacidade de reação no tratamento de desafios e mudanças	3	9.7
Dificuldades no cumprimento de regulamentos e normas legais normas	4	12.9
Desafios em matéria de manutenção e apoio técnico para sistemas	3	9.7
Total	31	100.0

O quadro 4.6 mostra que os problemas ou desafios dos sistemas de informação na Yemeni Oil Company são os seguintes: o primeiro problema é a fragilidade da segurança e da proteção dos dados, sendo escolhido por 5 ou 16,1 por cento; o segundo problema é a falta de

integração e de compatibilidade entre diferentes sistemas, sendo escolhido por 10 ou 32,3 por cento; o terceiro problema é
Dificuldade de adaptação às mudanças nos requisitos de trabalho e no ambiente externo e as pessoas escolhem-no 4 ou 12,9 por cento, o quarto problema é Fraqueza na qualidade dos dados e dificuldade de acesso aos mesmos e as pessoas escolhem-no 2 ou 6.5 Percentagem, Falta de flexibilidade e de capacidade de resposta para lidar com desafios e mudanças e as pessoas escolhem-no 3 ou 9,7 Percentagem, Dificuldades no cumprimento de regulamentos e normas legais e as pessoas escolhem-no 4 ou 12,9 Percentagem, Desafios na manutenção e no apoio técnico aos sistemas e as pessoas escolhem-no 3 ou 9,7 Percentagem.

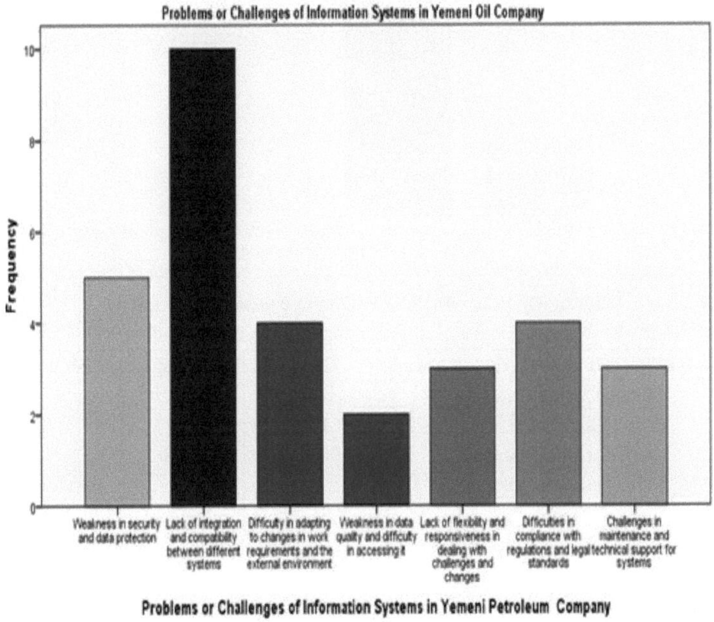

Problemas ou desafios dos sistemas de informação na Yemeni Petroleum Company

Figura 4.6 Problemas ou desafios dos sistemas de informação na Yemeni Oil Company

2- Medição de desempenho

Tabela 4.7 Medição de desempenho (estabilidade do sistema e ausência de falhas)

Estabilidade do sistema e ausência de falhas	Total	Percentagem	Média
Concordo totalmente	3	9.7	
Concordo	14	45.2	
Concordo um pouco	10	32.3	
Não concordo	4	12.9	
Total	31	100.0	2.483871

A tabela 4.7 mostra a pergunta respondida na Medição de Desempenho (Estabilidade do sistema e ausência de falhas), de modo que a primeira categoria foi Concordo fortemente, 3 pessoas escolheram ou 9,7 por cento, a segunda categoria foi Concordo e 14 pessoas escolheram ou 45,2 por cento, a terceira categoria foi Concordo um pouco e 10 pessoas escolheram ou 32,3 por cento, a quarta categoria foi Discordo e 4 pessoas escolheram ou 12,9 por cento.

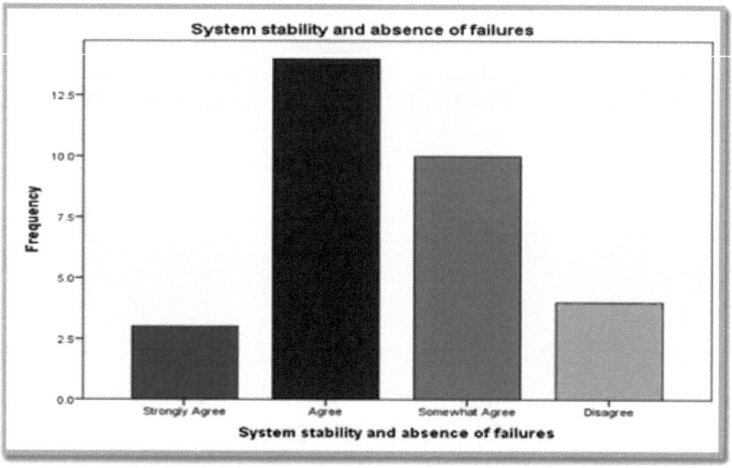

Figura 4.7 Estabilidade do sistema e ausência de falhas

Quadro 4.8 Medição do desempenho (rapidez e capacidade de resposta)

Rapidez e capacidade de resposta	Total	Percentagem	Média
Concordo totalmente	4	12.9	
De acordo	18	58.1	
Concordo um pouco	8	25.8	
Discordo totalmente	1	3.2	
Total	31	100.0	2.225806

A tabela 4.8 mostra a pergunta respondida na Medição de Desempenho (Rapidez e capacidade de resposta), de modo que a primeira categoria foi Concordo Totalmente, 4 pessoas escolheram ou 12,9 por cento, a segunda categoria foi Concordo e 18 pessoas escolheram ou 58,1 por cento, a terceira categoria foi Concordo Um Pouco e 8 pessoas escolheram ou 25,8 por cento, a quarta categoria foi Discordo Totalmente e 1 pessoa escolheu ou 3,2 por cento.

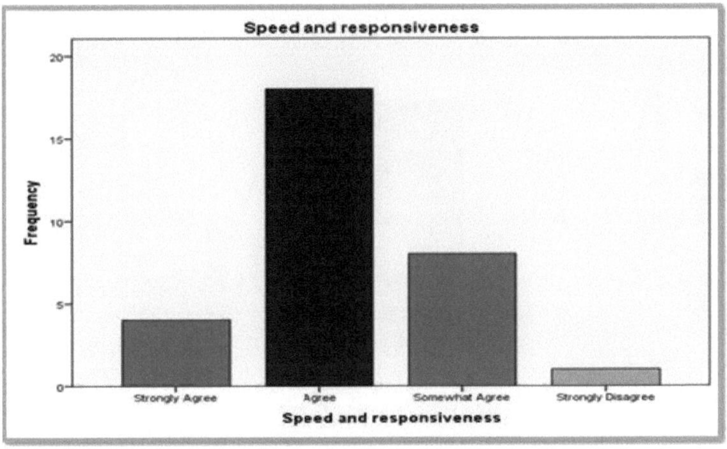

Figura 4.8 Velocidade e

Quadro 4.9 Medição do desempenho (Considera que os actuais sistemas de informação satisfazem as necessidades dos utilizadores e facilitam as suas tarefas)

Considera que a atual os sistemas de informação respondem às necessidades dos utilizadores necessidades e facilitar as suas tarefas	Total	Percentagem	Média
Concordo totalmente	3	9.7	
De acordo	18	58.1	
Concordo um pouco	9	29.0	
Não concordo	1	3.2	
Total	31	100.0	2.258065

A tabela 4.9 mostra a pergunta respondida na Medição de Desempenho (Considera que os actuais sistemas de informação satisfazem as necessidades dos utilizadores e facilitam as suas tarefas), pelo que a primeira categoria foi Concordo Totalmente, com 3 pessoas a escolherem ou 9,7%, a segunda categoria foi Concordo, com 18 pessoas a escolherem ou 58,1%, a terceira categoria foi Concordo Um Pouco, com 9 pessoas a escolherem ou 29,0%, e a quarta categoria foi Discordo, com 1 pessoa a escolher ou 3,2%.

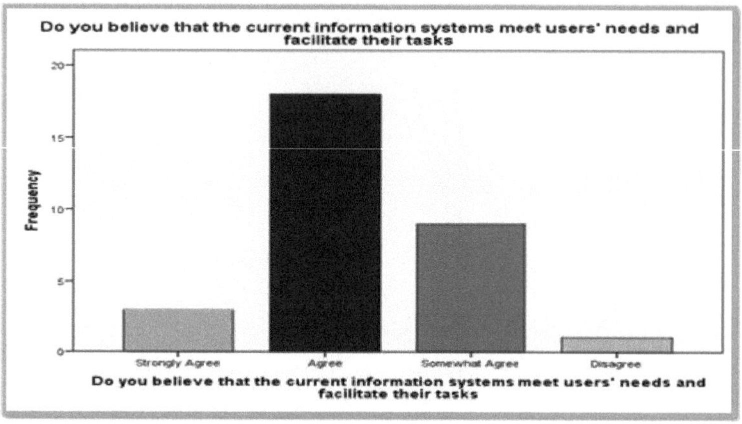

Figura 4.9 Considera que os actuais sistemas de informação satisfazem as necessidades dos utilizadores e facilitam as suas tarefas

Quadro 4.10 Medição do desempenho (Considera que os actuais sistemas de informação são capazes de se adaptar às mudanças nos requisitos de trabalho e no ambiente externo)

Considera que a atual os sistemas de informação são capazes de adaptar-se às mudanças no trabalho e os requisitos externos ambiente	Total	Percentagem	Média
Concordo totalmente	2	6.5	
De acordo	8	25.8	
Concordo um pouco	17	54.8	
Não concordo	4	12.9	
Total	31	100.0	2.741935

A tabela 4.10 mostra a pergunta respondida na Medição de Desempenho (Considera que os actuais sistemas de informação são capazes de se adaptar às mudanças nos requisitos de trabalho e no ambiente externo), pelo que a primeira categoria foi Concordo Totalmente, tendo 2 pessoas escolhido ou 6,5 por cento, a segunda categoria foi Concordo, tendo 8 pessoas escolhido ou 25,8 por cento, a terceira categoria foi Concordo Um Pouco, tendo 17 pessoas escolhido ou 54,8 por cento, e a quarta categoria foi Discordo, tendo 4 pessoas escolhido ou 12,9 por cento.

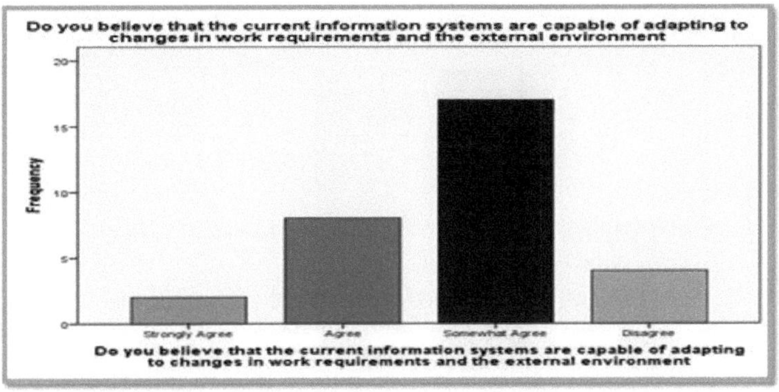

Figura 4.10 Considera que os actuais sistemas de informação são capazes de se adaptar às mudanças nos requisitos de trabalho e no ambiente externo?

Quadro 4.11 Medição do desempenho (Considera que os actuais sistemas de informação proporcionam um elevado nível de segurança e proteção dos dados)

Considera que as informações actuais os sistemas proporcionam um elevado nível de segurança e proteção dos dados	Total	Percentagem	Média
Concordo totalmente	5	16.1	
Concordo	10	32.3	
Concordo um pouco	10	32.3	
Não concordo	5	16.1	
Discordo totalmente	1	3.2	
Total	31	100.0	2.580645

A tabela 4.11 mostra a pergunta respondida na Medição de Desempenho (Considera que os actuais sistemas de informação proporcionam um elevado nível de segurança e proteção dos dados), pelo que a primeira categoria foi Concordo totalmente, 5 pessoas escolheram ou 16,1 por cento, a segunda categoria foi Concordo e 10 pessoas escolheram ou 32,3 por cento, a terceira categoria foi Concordo um pouco e 10 pessoas escolheram ou 32,3 por cento, a quarta categoria foi Discordo e 5 pessoas escolheram ou 16,1 por cento, a quinta categoria foi Discordo totalmente e 1 pessoa escolheu ou 3,2 por cento.

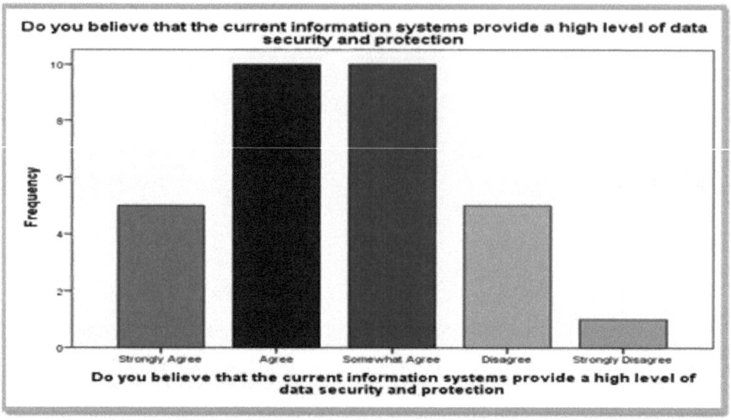

Figura 4.11 Considera que os actuais sistemas de informação proporcionam um elevado nível de segurança e proteção dos dados?

Quadro 4.12 Medição do desempenho (Considera que os actuais sistemas de informação são capazes de enfrentar os desafios futuros)

Considera que a atual os sistemas de informação são capazes de enfrentar os desafios futuros	Total	Percentagem	Média
Concordo totalmente	3	9.7	
De acordo	11	35.5	
Concordo um pouco	12	38.7	
Não concordo	5	16.1	
Total	31	100.0	2.612903

A tabela 4.12 mostra a pergunta respondida na Medição de Desempenho (Considera que os actuais sistemas de informação são capazes de enfrentar os desafios futuros), pelo que a primeira categoria foi Concordo totalmente, com 3 pessoas a escolherem ou 9,7%, a segunda categoria foi Concordo, com 11 pessoas a escolherem ou 35,5%, a terceira categoria foi Concordo ligeiramente, com 12 pessoas a escolherem ou 38,7%, e a quarta categoria foi Discordo, com 5 pessoas a escolherem ou 16,1%.

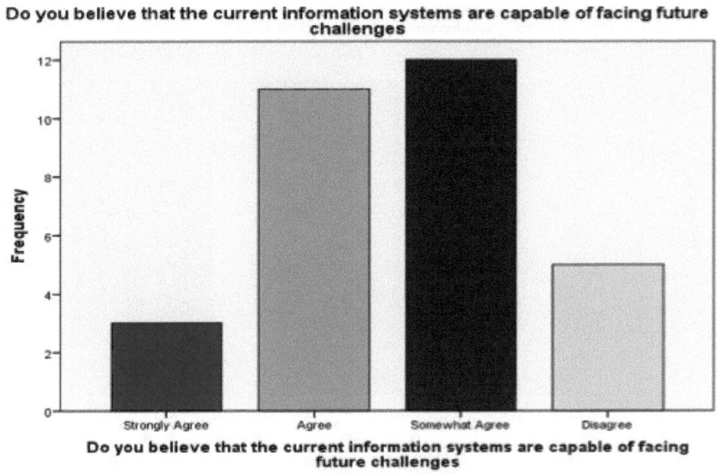

Figura 4.12 Considera que os actuais sistemas de informação são capazes de enfrentar os desafios futuros?

Quadro 4.13 Medição do desempenho (Concorda com a exatidão e a coerência dos dados)

Concorda com a exatidão e coerência dos dados	Total	Percentagem	Média
Concordo totalmente	9	29.0	
Concordo	13	41.9	
Concordo um pouco	9	29.0	
Total	31	100.0	2.000000

A tabela 4.13 mostra a pergunta respondida na Medição de Desempenho (Concorda com a exatidão e a consistência dos dados), pelo que a primeira categoria foi Concordo Totalmente, tendo sido escolhida por 9 pessoas ou 29,0%, a segunda categoria foi Concordo, tendo sido escolhida por 13 pessoas ou 41,9%, e a terceira categoria foi Concordo Um Pouco, tendo sido escolhida por 9 pessoas ou 29,0%.

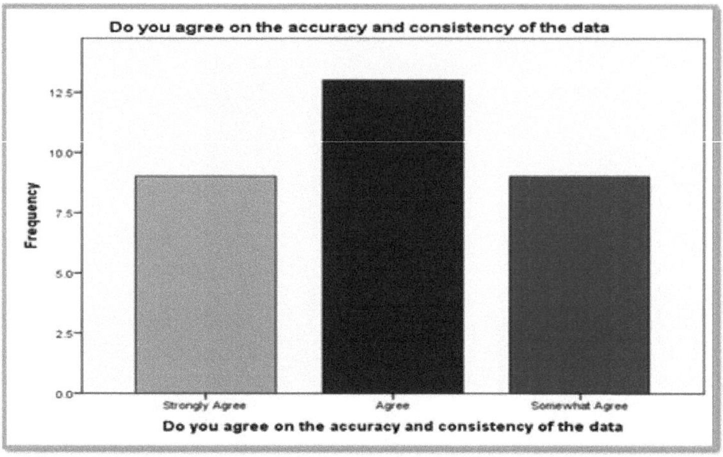

Figura 4.13 Concorda com a exatidão e a coerência dos dados?

Quadro 4.14 Medição do desempenho (Concorda com a disponibilidade de dados e a facilidade de acesso aos mesmos)

Concorda com a disponibilidade de dados e facilidade de acesso aos mesmos	Total	Percentagem	Média
Concordo totalmente	5	16.1	
De acordo	14	45.2	
Concordo um pouco	9	29.0	
Não concordo	1	3.2	
Discordo totalmente	1	3.2	
Total	31	100.0	2.300000

A tabela 4.14 mostra a pergunta respondida na Medição de Desempenho (Concorda com a disponibilidade de dados e a facilidade de acesso aos mesmos), pelo que a primeira categoria foi Concordo Totalmente, 5 pessoas escolheram ou 16,1 por cento, a segunda categoria foi Concordo e 14 pessoas escolheram ou 45,2 por cento, a terceira categoria foi Concordo Um Pouco e 9 pessoas escolheram ou 29,0 por cento, a quarta categoria foi Discordo e 1 pessoa escolheu ou 3,2 por cento, a quinta categoria foi Discordo Totalmente e 1 pessoa escolheu ou 3,2 por cento.

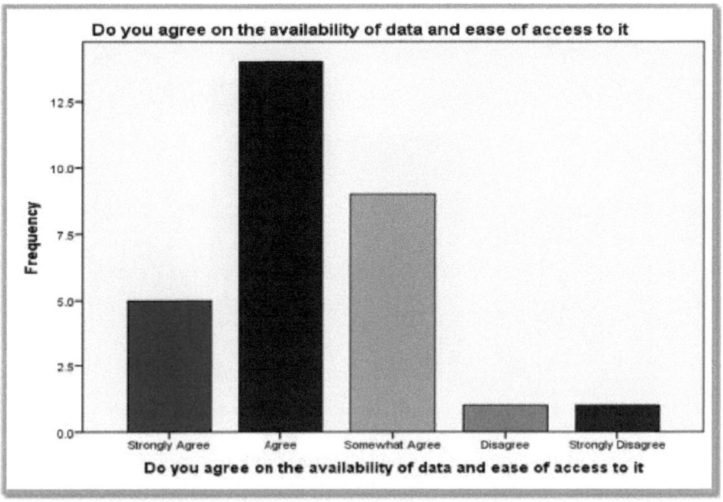

Figura 4.14 Concorda com a disponibilidade de dados e a facilidade de acesso aos mesmos?

Quadro 4.15 Medição do desempenho (Concorda com o nível de proteção e segurança dos dados)

Concorda com o nível de dados proteção e segurança	Total	Percentagem	Média
Concordo totalmente	6	19.4	
Concordo	9	29.0	
Concordo um pouco	11	35.5	
Não concordo	5	16.1	
Total	31	100.0	2.483871

A tabela 4.15 mostra a pergunta respondida na Medição de Desempenho (Concorda com o nível de proteção e segurança dos dados), pelo que a primeira categoria foi Concordo Totalmente, tendo 6 pessoas escolhido ou 19,4 por cento, a segunda categoria foi Concordo, tendo 9 pessoas escolhido ou 29,0 por cento, a terceira categoria foi Concordo Um Pouco, tendo 11 pessoas escolhido ou 35,5 por cento, e a quarta categoria foi Discordo, tendo 5 pessoas escolhido ou 16,1 por cento.

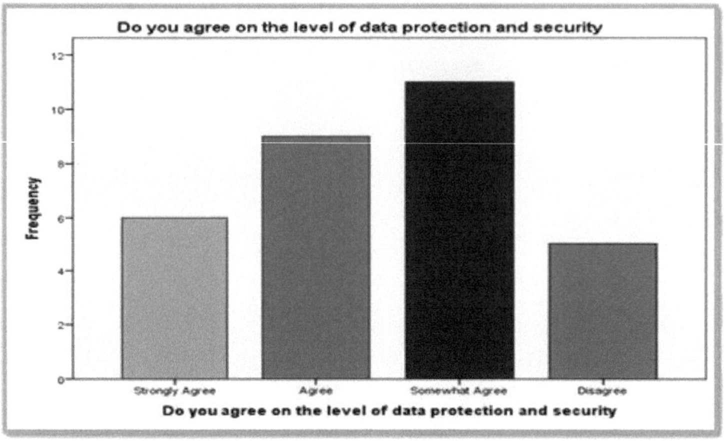

Figura 4.15 Concorda com o nível de proteção e segurança dos dados?

Quadro 4.16 Medição do desempenho (facilidade de aplicação e gestão das medidas de segurança)

Facilidade de aplicação e gestão das medidas de segurança	Total	Percentagem	Média
Concordo totalmente	4	12.9	
Concordo	9	29.0	
Concordo um pouco	12	38.7	
Não concordo	4	12.9	
Discordo totalmente	2	6.5	
Total	31	100.0	2.709677

A tabela 4.16 mostra a pergunta respondida na Medição de Desempenho (Facilidade de implementação e gestão das medidas de segurança), pelo que a primeira categoria foi Concordo Totalmente, 4 pessoas escolheram ou 12,9 por cento, a segunda categoria foi Concordo e 9 pessoas escolheram ou 29,0 por cento, a terceira categoria foi Concordo Um Pouco e 12 pessoas escolheram ou 38,7 por cento, a quarta categoria foi Discordo e 4 pessoas escolheram ou 12,9 por cento, a quinta categoria foi Discordo Totalmente e 2 pessoas escolheram ou 6,5 por cento.

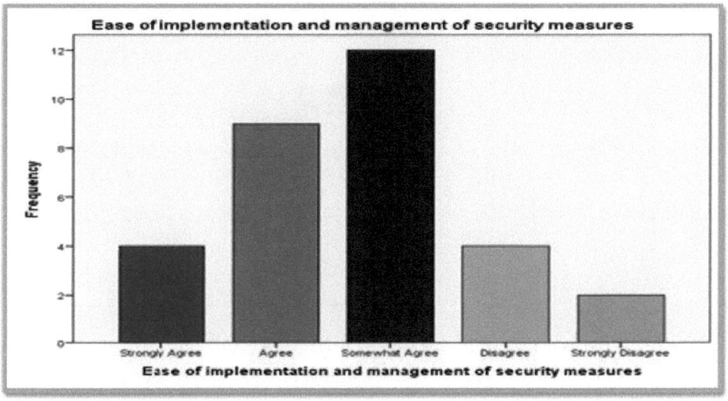

Figura 4.16 Facilidade de aplicação e gestão das medidas de segurança

Quadro 4.17 Medição do desempenho (capacidade de integração do sistema com sistemas externos)

Capacidade de integração do sistema com sistemas externos	Total	Percentagem	Média
Concordo totalmente	4	12.9	
De acordo	10	32.3	
Concordo um pouco	11	35.5	
Não concordo	4	12.9	
Discordo totalmente	2	6.5	
Total	31	100.0	2.677419

A tabela 4.17 mostra a pergunta respondida na Medição de Desempenho (capacidade do sistema para se integrar com sistemas externos), pelo que a primeira categoria foi Concordo Totalmente, 4 pessoas escolheram ou 12,9 por cento, a segunda categoria foi Concordo e 10 pessoas escolheram ou 32,3 por cento, a terceira categoria foi Concordo Um Pouco e 11 pessoas escolheram ou 35,5 por cento, a quarta categoria foi Discordo e 4 pessoas escolheram ou 12,9 por cento, a quinta categoria foi Discordo Totalmente e 2 pessoas escolheram ou 6,5 por cento.

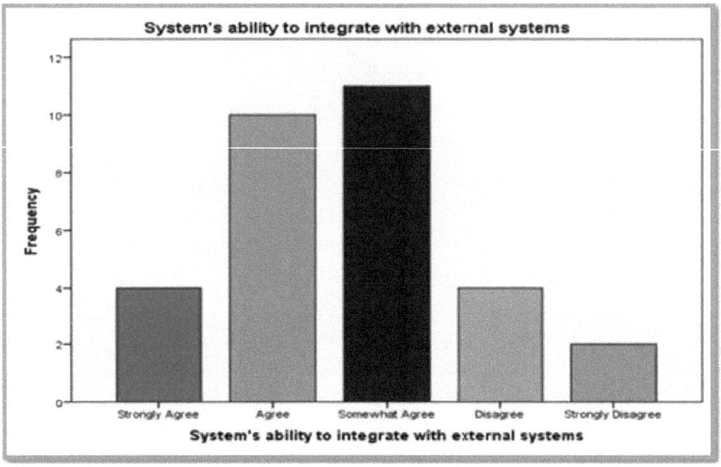

Figura 4.17 Capacidade de integração do sistema com sistemas externos

Quadro 4.18 Medição do desempenho (disponibilidade e utilização de interfaces e tecnologias de programação integradas)

Disponibilidade e utilização de interfaces e tecnologias de programação integradas	Total	Percentagem	Média
Concordo totalmente	3	9.7	
Concordar	16	51.6	
Concordo um pouco	8	25.8	
Não concordo	3	9.7	
Discordo totalmente	1	3.2	
Total	31	100.0	2.451613

A tabela 4.18 mostra a pergunta respondida na Medição de Desempenho (Disponibilidade e utilização de interfaces e tecnologias de programação integradas), pelo que a primeira categoria foi Concordo totalmente, com 3 pessoas a escolherem ou 9,7%, a segunda categoria foi Concordo, com 16 pessoas a escolherem ou 51,6%, a terceira categoria foi Concordo um pouco, com 8 pessoas a escolherem ou 25,8%, a quarta categoria foi Discordo, com 3 pessoas a escolherem ou 9,7%, e a quinta categoria foi Discordo totalmente, com 1 pessoa a escolher ou 3,2%.

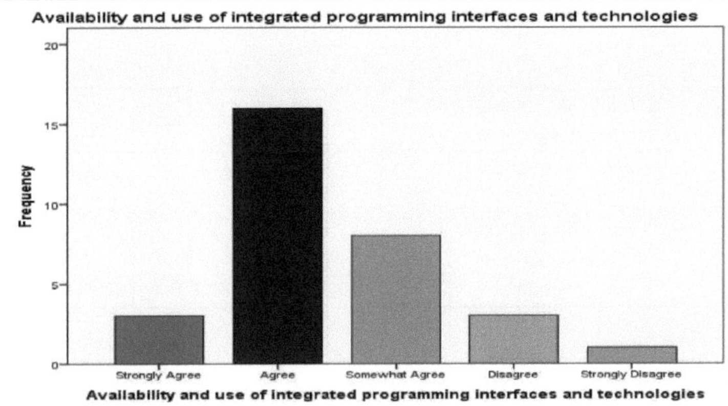

Figura 4.18 Disponibilidade e utilização de interfaces e tecnologias de programação integradas

Tabela 4.19 Medição do desempenho (Qualidade do apoio técnico e manutenção contínua)

Qualidade do apoio técnico e manutenção contínua	Total	Percentagem	Média
Concordo totalmente	4	12.9	
De acordo	12	38.7	
Concordo um pouco	13	41.9	
Não concordo	2	6.5	
Total	31	100.0	2.419355

A tabela 4.19 mostra a pergunta respondida na Medição de Desempenho (Qualidade do apoio técnico e da manutenção contínua), pelo que a primeira categoria foi Concordo totalmente e 4 pessoas escolheram ou 12,9 por cento, a segunda categoria foi Concordo e 12 pessoas escolheram ou 38,7 por cento, a terceira categoria foi Concordo um pouco e 13 pessoas escolheram ou 41,9 por cento, a quarta categoria foi Discordo e 2 pessoas escolheram ou 6,5 por cento.

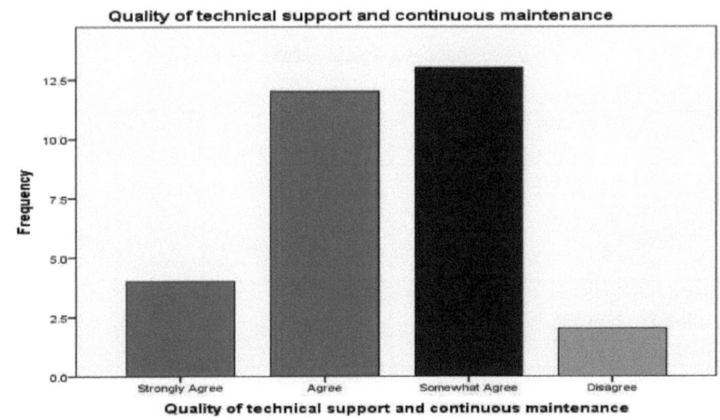

Figura 4.19 Qualidade do apoio técnico e da manutenção contínua

Tabela 4.20 Medição do desempenho (facilidade de aplicação de actualizações e correcções)

Facilidade de aplicação de actualizações e correcções	Total	Percentagem	Média
Concordo totalmente	3	9.7	
Concordar	12	38.7	
Concordo um pouco	13	41.9	
Não concordo	3	9.7	
Total	31	100.0	2.516129

A tabela 4.20 mostra a pergunta respondida na Medição de Desempenho (Facilidade de aplicação de actualizações e correcções), pelo que a primeira categoria foi Concordo Totalmente, 3 pessoas escolheram ou 9,7 por cento, a segunda categoria foi Concordo e 12 pessoas escolheram ou 38,7 por cento, a terceira categoria foi Concordo Um Pouco e 13 pessoas escolheram ou 41,9 por cento, a quarta categoria foi Discordo e 3 pessoas escolheram ou 9,7 por cento.

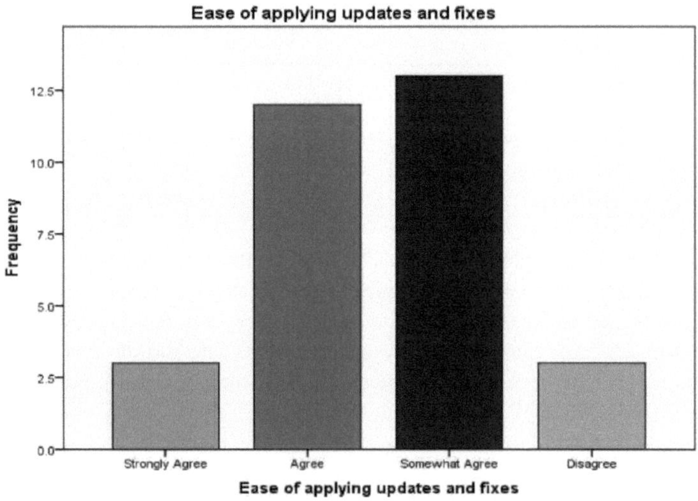

Figura 4.20 Facilidade de aplicação de actualizações e correcções

Q		Discordo totalmente	Não concordo	Concordo um pouco	De acordo	Concordo fortemente	Média	Impacto do diploma
Desempenho global do sistema								
Estabilidade do sistema e ausência de falhas	T	0	4	10	14	3	2.48	2.48>2.46
	%	0	12.9%	32.3%	45.2%	9.7%		
Rapidez e capacidade de resposta	T	1	0	8	18	4	2.23	2.23<2.46
	%	3.2%	0	25.8%	58.1%	12.9%		
Considera que os actuais sistemas de	T	0	1	9	18	3	2.26	2.26<2.46
	%	0	3.2%	29.0%	58.1%	9.7%		

informação satisfazem as necessidades dos utilizadores e facilitam as suas tarefas?								
Considera que os actuais sistemas de informação são capazes de se adaptar às mudanças nos requisitos de trabalho e no ambiente externo?	T %	0 0	4 12.9%	17 54.8%	8 25.8%	2 6.5%	2.74	2.74>2.46
Considera que os actuais sistemas de informação proporcionam um elevado nível de segurança e proteção dos dados?	T %	1 3.2%	5 16.1%	10 32.3%	10 32.3%	5 16.1%	2.58	2.58>2.46
Considera que os actuais sistemas de informação são capazes de enfrentar os desafios futuros?	T %	0 0	5 16.1%	12 38.7%	11 35.5%	3 9.7%	2.61	2.61>2.46
Qualidade dos dados								
Concorda com a exatidão e a coerência dos dados?	T %	0 0	0 0	9 29.0%	13 41.9%	9 29.0%	2.00	2.00<2.46
Concorda com a disponibilidade dos dados e a facilidade de acesso aos mesmos?	T %	1 3.2%	1 3.2%	9 29.0%	14 45.2%	5 16.1 %	2.30	2.30<2.46
Segurança do sistema								
Concorda com o nível de proteção e segurança dos dados?	T %	0 0	5 16.1%	11 35.5%	9 29.0%	6 19.4%	2.48	2.48>2.46
Facilidade de implementação e gestão das medidas de segurança:	T %	2 6.5%	4 12.9%	12 38.7%	9 29.0	4 12.9%	2.71	2.71>2.46
Integração de sistemas								
Capacidade de integração do sistema com sistemas externos	T %	2 6.5%	4 12.9%	11 35.5%	10 32.3%	4 12.9%	2.68	2.68>2.46
Disponibilidade e	T	1	3	8	16	3	2.45	2.45<2.46

utilização de interfaces e tecnologias de programação integradas	%	3.2%	9.7%	25.8%	51.6%	9.7%		
Suporte e manutenção do sistema								
Qualidade do apoio técnico e manutenção contínua :	T %	0 0	2 6.5%	13 41.9%	12 38.7%	4 12.9%	2.42	2.42<2.46
Facilidade de aplicação actualizações e correcções:	T %	0 0	3 9.7%	13 41.9%	12 38.7%	3 9.7%	2.52	2.52>2.46

A média total é de 2,46

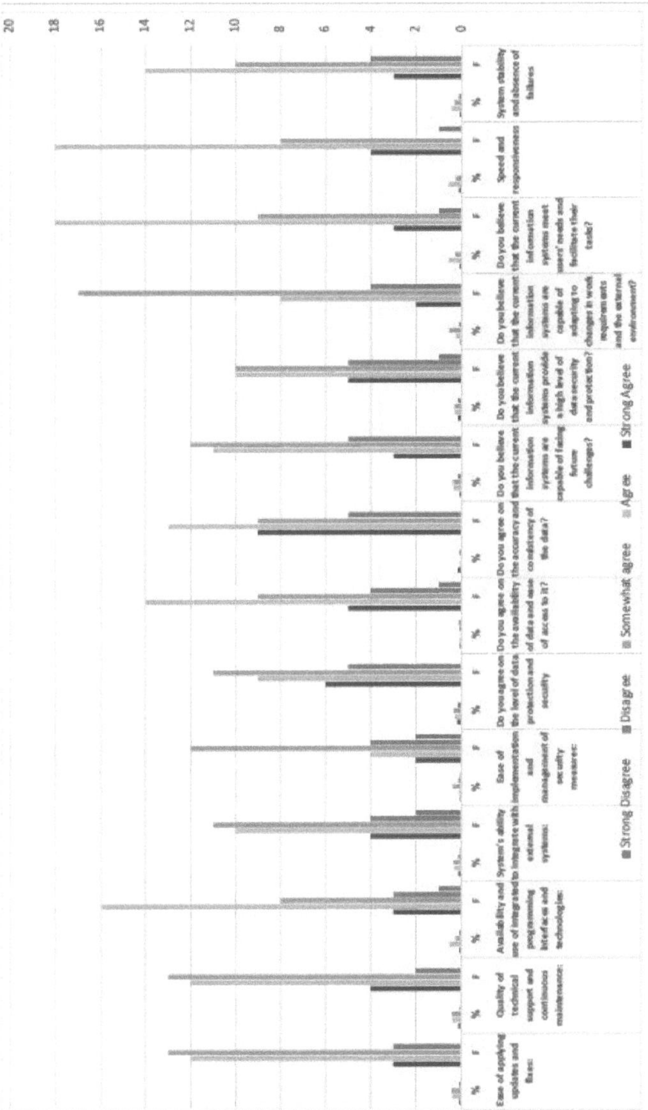

Figura 4.21

3- Análise de dados

Quadro 4.22 Análise (efectua análise de dados na empresa)

Efectua análises de dados na empresa	Total	Percentagem	Média
Sim	16	51.6	
Não	15	48.4	
Total	31	100.0	1.483871

Esta tabela mostra a resposta à pergunta se efectua análise de dados na empresa. Assim, as pessoas que responderam **sim** foram 16 pessoas ou 51,6% e as que responderam **não** foram 15 pessoas ou 48,4%.

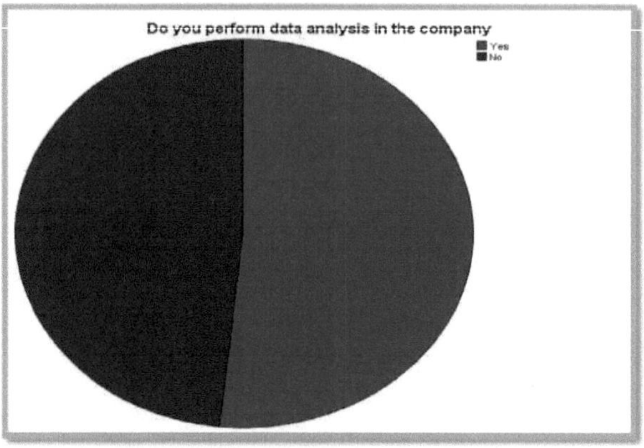

Figura 4.22 efectua análise de dados na empresa

Quadro 4.23 Ferramentas ou software utilizados para a análise de dados

Ferramentas ou software utilizados para a análise de dados	Total	Percentagem	Média
sql+	11	35.5	
Microsoft Excel	4	12.9	
Total	15	48.4	
Em falta	16	51.6	2.266667

Esta tabela mostra a resposta à pergunta sobre as ferramentas ou o software utilizados para a análise de dados na empresa, em primeiro lugar, o sql+ foi utilizado por 11 funcionários ou 35,5% e, em segundo lugar, o Microsoft Excel foi utilizado por 4 funcionários ou 12,9%.
E o diretor de TI disse que, no passado, utilizava o Microsoft Accesses e o SQl Server.

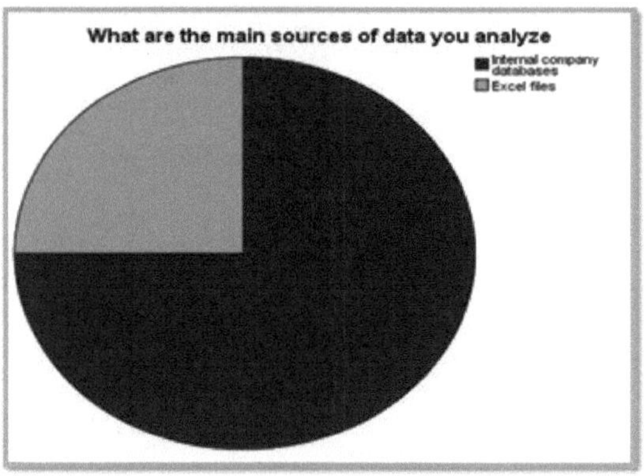

Figura 4.23 Ferramentas ou software utilizados para a análise de dados
Figure 22

Tabela 4.24 Tipo de análise que efectua aos dados da empresa

Tipo de análise que efectua sobre os dados da empresa	Total	Percentagem	Média
Análise exploratória para descobrir tendências e padrões	2	6.5	
Análise orientada para os pormenores para compreender as relações e variações entre variáveis	10	32.3	
Análise preditiva para previsão tendências futuras e fazer decisões informadas	2	6.5	
Total	14	45.2	
Em falta	17	54.8	
Total	31	100	2.0

Esta tabela mostra a resposta à pergunta sobre o tipo de análise que efectua sobre os dados da empresa, pelo que a primeira foi a análise exploratória para descobrir tendências e padrões, que 2 pessoas escolheram ou 6,5%, a segunda foi a análise orientada para os detalhes para compreender as relações e variações entre variáveis, que 10 pessoas escolheram ou 32,3%, e a terceira foi a análise preditiva para prever tendências futuras e tomar decisões informadas, que 2 pessoas escolheram ou 6,5%.

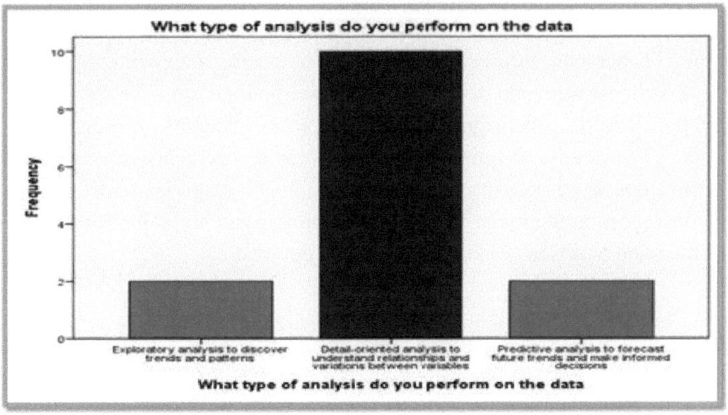

Figura 4.24 tipo de análise que efectua aos dados da empresa

Figure 23

4- Melhorar

Quadro 4.25 Medidas que tenciona adotar para melhorar a qualidade e o desempenho dos sistemas de informação

medidas que tenciona tomar para melhorar a qualidade e desempenho da informação sistemas	Total	Percentagem	Média
Melhorar a documentação e	1	3.2	

processos de orientação para os trabalhadores			
Desenvolver programas de formação de competências técnicas e profissionais melhoria	11	35.5	
Atualização da tecnologia e da rede infra-estruturas	7	22.6	
Desenvolvimento de políticas de cibersegurança e reforço das medidas de segurança	3	9.7	
Melhorar a manutenção e a assistência técnica operações de apoio aos sistemas	4	12.9	
Analisar e melhorar a atividade operações, proporcionando ao mesmo tempo soluções tecnológicas para melhorar eficiência	5	16.1	
Total	31	100.0	3.419355

Este quadro mostra quais as medidas que tenciona tomar para melhorar a qualidade e o desempenho dos sistemas de informação a primeira medida Melhorar os processos de documentação e orientação para os funcionários 1 pessoa escolheu ou 3,2 por cento, a segunda medida Desenvolver programas de formação para melhorar as competências técnicas e profissionais 11 pessoas escolheram ou 35,5 por cento, a terceira medida Atualizar a tecnologia e a infraestrutura de rede 7 pessoas escolheram ou 22.6 por cento, o quarto Desenvolver políticas de cibersegurança e reforçar as medidas de segurança 3 pessoas escolheram ou 9,7 por cento, o quinto passo Melhorar as operações de manutenção e apoio técnico aos sistemas 4 pessoas escolheram ou 12,9 por cento, o sexto passo Analisar e melhorar as operações comerciais, fornecendo simultaneamente soluções tecnológicas para aumentar a eficiência 5 pessoas escolheram ou 16,1 por cento.

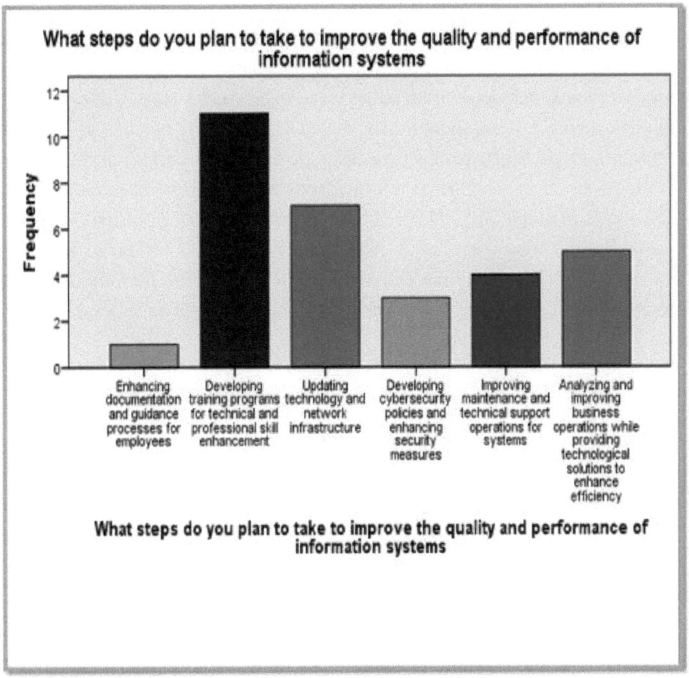

Figura 4.25 Medidas que tenciona tomar para melhorar a qualidade e o desempenho dos sistemas de informação

5- Controlo

Quadro 4.26 Que mecanismos serão aplicados para controlar e medir o desempenho após melhoria

Que mecanismos serão aplicados para controlar e medir o desempenho após as melhorias?	Total	Percentagem	Média
Implementação de um sistema integrado de acompanhamento e análise do desempenho do sistema através de ferramentas tecnológicas	6	19.4	
Estabelecimento de indicadores de desempenho específicos e seu acompanhamento regular para medir o desempenho global dos sistemas	10	32.3	
Implementação de processos de avaliação periódica do desempenho do sistema e comparação com normas e objectivos especificados	8	25.8	
Organizar reuniões regulares da equipa de projeto para analisar o desempenho do sistema e identificar os pontos fortes e fracos	5	16.1	
Fornecer relatórios regulares à direção do que ilustra o desempenho do sistema e o nível de melhoria	2	6.5	
Total	31	100.0	2.580645

A primeira etapa Implementar um sistema integrado de monitorização e análise do desempenho do sistema utilizando ferramentas tecnológicas 6 pessoas escolheram ou 19,4 por cento, a segunda etapa Estabelecer indicadores de desempenho específicos e acompanhá-los regularmente para medir o desempenho global dos sistemas 10 pessoas escolheram ou 32.3 por cento, a terceira etapa Implementar processos de avaliação periódica do desempenho dos sistemas e compará-los com as normas e objectivos especificados 8 pessoas escolheram ou 25,8 por cento, a quarta etapa Organizar reuniões periódicas para a equipa de projeto a fim de analisar o desempenho dos sistemas, identificar os pontos fortes e fracos 5 pessoas escolheram ou 16,1 por cento, a quinta etapa Apresentar relatórios periódicos à gestão do que ilustra o desempenho do sistema e o nível de melhoria dos sistemas 2 pessoas escolheram ou 6,5 por cento.

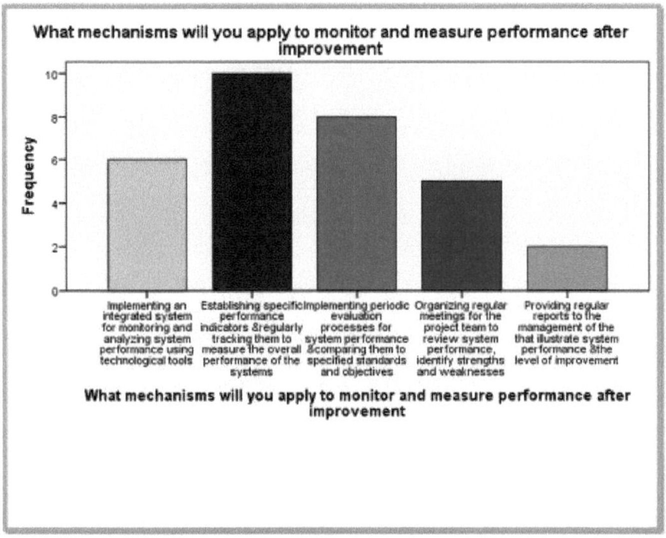

Figura 4.26 Que mecanismos aplicará para controlar e medir o desempenho após as melhorias

CAPÍTULO 5

5.1 DISCUSSÃO

O estudo visava explorar as oportunidades de desenvolvimento de sistemas de informação na Yemen Petroleum Company. Com base nas respostas ao inquérito de trinta e um membros do pessoal do departamento de TI, foram identificados vários passos para melhorar a qualidade e o desempenho dos sistemas de informação. Cada passo é discutido de seguida para realçar a sua importância e potencial impacto.

Questão de investigação:

Quais são as oportunidades de desenvolvimento de um sistema de informação na Yemen Petroleum Company?

Esta questão foi respondida através do questionário que foi entregue aos funcionários das TI e apresentado no capítulo 4, e aqui, no capítulo 5, o investigador discutirá os resultados:

Desenvolvimento de programas de formação para o reforço das competências técnicas e profissionais

Escolhido por 11 participantes (35,5%), este passo foi o mais popular. O desenvolvimento de programas de formação abrangentes é vital para manter o pessoal atualizado em relação às tecnologias e metodologias mais recentes. Os funcionários bem formados têm mais probabilidades de utilizar os sistemas de informação de forma eficaz, o que conduz a um melhor desempenho e a menos problemas operacionais. A formação também promove uma cultura de aprendizagem e adaptação contínuas, o que é essencial no domínio da tecnologia da informação, que evolui rapidamente.

Atualização da tecnologia e da infraestrutura de rede

Selecionada por 7 participantes (22,6%), a atualização da tecnologia e da infraestrutura de rede é um passo fundamental para melhorar o desempenho do sistema. A modernização da infraestrutura pode conduzir a tempos de processamento mais rápidos, a uma melhor gestão dos dados e a uma maior fiabilidade. Este passo é particularmente importante para apoiar novas aplicações e serviços que exigem uma infraestrutura robusta e escalável.

Analisar e melhorar as operações comerciais, fornecendo soluções tecnológicas para aumentar a eficiência

Escolhida por 5 participantes (16,1%), esta etapa envolve a utilização de sistemas de informação para otimizar os processos empresariais e melhorar a eficiência operacional. Analisando as operações actuais e identificando as áreas a melhorar, podem ser implementadas soluções tecnológicas para otimizar os fluxos de trabalho, reduzir os custos e aumentar a produtividade. Esta abordagem holística garante que os sistemas de informação estão alinhados com os objectivos estratégicos da empresa.

Melhoria das operações de manutenção e de apoio técnico aos sistemas

Esta etapa foi selecionada por 4 participantes (12,9%). Melhorar as operações de manutenção e apoio técnico garante que quaisquer problemas com os sistemas de informação sejam prontamente resolvidos, minimizando o tempo de inatividade e aumentando a fiabilidade do sistema. A manutenção regular e os serviços de apoio eficientes são essenciais para manter um elevado desempenho e prolongar a vida útil dos activos informáticos.

Desenvolvimento de políticas de cibersegurança e reforço das medidas de segurança

Escolhido por 3 participantes (9,7%), o desenvolvimento de políticas sólidas de cibersegurança e o reforço das medidas de segurança são essenciais para proteger os dados sensíveis e manter a integridade do sistema. Com a crescente prevalência de ciberameaças, é crucial implementar protocolos de segurança sólidos para evitar acessos não autorizados, violações de dados e outros incidentes cibernéticos.

Melhorar os processos de documentação e orientação para os funcionários

Este passo foi escolhido por um participante, representando 3,2% do total. Embora tenha sido a opção menos selecionada, a melhoria dos processos de documentação e orientação é crucial para garantir que os funcionários compreendam e utilizem eficazmente os sistemas de informação. A documentação adequada fornece uma referência para as melhores práticas, resolução de problemas e normas processuais, o que pode reduzir os erros e melhorar a eficiência global do sistema.

CAPÍTULO 6

6.1 Conclusão

A integração dos sistemas de informação (SI) nas operações industriais é crucial para aumentar a eficiência, a precisão e a tomada de decisões nas organizações. Este estudo de caso centrou-se nas oportunidades de desenvolvimento de um sistema de informação na filial de Aden da Yemen Petroleum Company (YPC). Salientando a importância das tecnologias de informação no desenvolvimento económico e social, este estudo investigou os potenciais benefícios a longo prazo dos SI em alinhamento com as fases de apoio financeiro da empresa.

O estudo começou com uma revisão detalhada da literatura, explorando a origem, o estabelecimento e os objectivos estratégicos do YPC, ao mesmo tempo que sublinhava o papel fundamental dos SI nos ambientes organizacionais contemporâneos. Destacou as principais funções dos SI, tais como a recolha, a análise, o armazenamento e a transferência de dados, fazendo referência a quadros teóricos de investigadores consagrados como Langefors e Symons. Além disso, o estudo examinou a aplicação das metodologias Six Sigma, particularmente o processo DMAIC (Definir, Medir, Analisar, Melhorar, Controlar), para melhorar a qualidade e o desempenho dos SI no YPC.

Os dados foram recolhidos através de um questionário concebido com base nas normas Six Sigma, dirigido ao pessoal do departamento de TI da YPC. Os resultados forneceram informações sobre os dados demográficos, as habilitações literárias, os cargos e os níveis de experiência dos participantes. Além disso, o estudo identificou os desafios de SI predominantes na YPC, tais como deficiências de segurança, problemas de integração e dificuldades de adaptação a mudanças externas.

Principais conclusões

Dados demográficos e experiência :

O pessoal do serviço informático é composto por 54,8% de mulheres e 45,2% de homens.

A distribuição etária revelou uma maioria na faixa etária dos 31-35 anos (%32,3).

A maioria dos participantes possui um diploma de bacharelato (%87,1).

A maioria tem 1-2 anos de experiência (%48,4).

Desafios da SI:

As questões mais significativas incluem a falta de integração e compatibilidade entre diferentes sistemas (32,3%), deficiências de segurança (16,1%) e dificuldade de adaptação às mudanças (%12,9).

Medidas de desempenho:

As medições de desempenho indicaram respostas mistas relativamente à estabilidade, velocidade e capacidade de resposta do sistema.

A maior concordância registou-se em relação à exatidão e coerência dos dados (15,5%) e à rapidez e capacidade de resposta (%10,3).

Práticas de análise de dados:

Cerca de metade dos participantes efectua análises de dados (51,6%), utilizando principalmente SQL+ (35,5%) e Microsoft Excel (12%12,9).

O tipo de análise predominante é orientado para o pormenor, para compreender as relações e variações entre variáveis (%32,3).

Etapas de melhoria:

As principais medidas planeadas para melhorar a qualidade e o desempenho dos SI incluem o desenvolvimento de programas de formação para competências técnicas e profissionais

(35,5%) e a atualização da tecnologia e das infra-estruturas de rede (%22,6).

Mecanismos de controlo:

Os mecanismos de monitorização e medição do desempenho após a melhoria incluem a implementação de um sistema integrado de monitorização e análise do desempenho do sistema (19,4%) e o estabelecimento de indicadores de desempenho específicos com acompanhamento regular (%32,3).

Recomendação

Com base nas conclusões do estudo de caso relativo ao desenvolvimento de um sistema de informação na

Companhia Petrolífera do Iémen (YPCA)

Melhorar a integração e a compatibilidade do sistema

Melhorar a comunicação e o intercâmbio de dados entre diferentes sistemas para aumentar a eficiência e otimizar o fluxo de trabalho.

Reforçar as medidas de segurança

Melhorar os protocolos de segurança e a formação dos funcionários para reduzir o risco de violações e aumentar a fiabilidade do sistema.

Aumentar a capacidade de adaptação às mudanças

Desenvolver um sistema flexível e promover uma cultura de melhoria contínua para melhor responder às mudanças.

Investir em programas de formação e desenvolvimento

Proporcionar programas de formação abrangentes para melhorar as competências técnicas e profissionais do pessoal informático.

Atualizar a tecnologia e a infraestrutura de rede

Atualizar o hardware e o software para garantir um desempenho ótimo do sistema e aumentar a satisfação dos utilizadores.

Implementar mecanismos robustos de monitorização do desempenho

Estabelecer indicadores de desempenho claros e sistemas de monitorização para uma gestão proactiva dos problemas do sistema.

Limitações e investigação futura

Este estudo foi realizado no departamento de TI da Yemen Petroleum Company (YPCA) com apenas trinta e um participantes. No futuro, a realização de uma investigação semelhante em outras empresas petroquímicas, tais como refinarias e empresas de gás na província de Aden ou noutras regiões, poderia aumentar o número de participantes e revelar potencialmente novos desafios e soluções.

Outra limitação a considerar é o facto de esta investigação ter incluído apenas funcionários do departamento de TI e não toda a força de trabalho da YPCA. A expansão do estudo para incluir todos os funcionários poderia aumentar o número de participantes e revelar desafios diferentes.

Se o diretor do departamento de TI implementar todas as recomendações desta investigação, seria vantajoso distribuir novamente o questionário após algum tempo. A comparação dos novos resultados com os resultados iniciais permitiria avaliar o impacto das recomendações na melhoria dos sistemas de informação do serviço informático.

Referências:

1. Supervisionado, Nabil Mohammed, e A. L. I. Munasser. 2023. "GESTÃO DE RISCO PARA DISPOSITIVOS MÓVEIS NO DEPARTAMENTO DE INFORMÁTICA DA EMPRESA DE REFINARIA DE ADEN".

2. Yigzaw, T., e Markku TUKIAINEN Professor. 2021. ISDC: Oportunidades e Desafios Sistemas de Informação nos Países em Desenvolvimento: Oportunidades e desafios.

3. Mukhtar, Mukhneri, Sudarmi Sudarmi, Mochamad Wahyudi e Burmansah Burmansah. 2020. "O Desenvolvimento do Sistema de Informação Baseado na Gestão do Conhecimento em Instituição de Ensino Superior". *International Journal of Higher Education* 9(3):98-108. doi: 10.5430/ijhe.v9n3p98.

4. Li, Jinze. 2020. "Pesquisa sobre o desenvolvimento do Sistema de Informação do Mercado de Serviços Públicos de Tecnologia de Engenharia de Petróleo no Novo Período". *Série de conferências IOP: Ciências da Terra e do Ambiente* 440(5). doi: 10.1088/17551315/440/5/052090.

5. Sudarmi Sudarmi, Mochamad Wahyudi, e Burmansah Burmansah. 2020. "O desenvolvimento do sistema de informação baseado na gestão do conhecimento.

6. Nguyen, M. T., & Khorev, P. B. (2019, março). Riscos de informação no ambiente de nuvem e modelo de sistema de informação seguro baseado em nuvem. Em 2019, Conferência Internacional da Juventude em Rádio Eletrônica, Engenharia Elétrica e de Energia (REEPE) (pp. 1-6). IEEE.

7. Nasyrov, Rinat, Muhammad Fahmi Tulbah, Moskovskii energeticheskii institut (Tekhnicheskii universitet), IEEE Industry Applications Society e Institute of Electrical and Electronics Engineers. 2019. *Actas da 1ª Conferência Internacional da Juventude IEEE 2019 sobre Rádio Eletrónica, Engenharia Eléctrica e de Energia (REEPE): (IEEE REEPE 2019): 14-15 de março de 2019, Moscovo, Rússia 2019.*

8. Ternopil's'kyi natsional'nyi ekonomichnyi universytet, e Instituto de Engenheiros Electrotécnicos e Electrónicos. 2019. 2019 9ª Conferência Internacional sobre Tecnologias Avançadas de Informação Informática : ACIT'2019 : Actas da Conferência : Ceske Budejovice, República Checa, 5-7 de junho de 2019.

9. Tshimangadzo Brenda Sikhala. (2019). Uma avaliação dos riscos das tecnologias da informação decorrentes da utilização de dispositivos móveis pessoais para fins profissionais. UNIVERSIDADE DE JOANESBURGO.

10. *Ternopil s kyi natsional nyi ekonomichnyi universytet, e Instituto de Engenheiros Eléctricos e Electrónicos. 2019. 2019 9ª Conferência Internacional sobre Tecnologias Avançadas de Informação Informática : ACIT'2019 : Actas da Conferência : Ceske Budejovice, República Checa, 5-7 de junho de 2019.*

11. Yousefi Mojir, Kayvan. 2018. Desenvolvimento de sistemas de informação para colaborações intersectoriais emergentes no sector público.

12. Yousefi Mojir, Kayvan. 2018. *Desenvolvimento de sistemas de informação para colaborações intersectoriais emergentes no sector público.*

13. Leslie DeShield. (2017). Os desafios da implementação do Bring Your Own. Universidade Walden.

14. Voynarenko, Mykhailo, Vladimir Dzhuliy e Lyudmila Yemchuk. 2016. "Desenvolvimento de Sistemas de Informação e Modelação da sua Implementação no Negócio." *Problems and Perspectives in Management* 14(3): 102-7. doi:

10.21511/ppm.14(3).2016.10.
15. Voynarenko, Mykhailo, Vladimir Dzhuliy e Lyudmila Yemchuk. 2016
16. Voynarenko, M., Dzhuliy, V., & Yemchuk, L. (2016). Desenvolvimento de sistemas de informação e modelação da sua implementação no negócio. Problemas e perspetivas em management, (14, Iss. 3), 102-107.
17. Hailu, T. (2014). O Impacto do Sistema de Informação (SI) no Desempenho Organizacional: With Special Refernce to Ethio-Telecom Southern Region, Hawassa. Eur. J. Bus. Manag, 6, 331-339.
18. Argyropoulou, Maria. 2013. "EFICÁCIA DOS SISTEMAS DE INFORMAÇÃO E DESEMPENHO ORGANIZACIONAL Uma tese apresentada para obtenção do grau de Doutor em Filosofia por." 0-381.
19. https://www.ypcaden.com/
20. L.L. Brozhik. O problema da integração no espaço mundial da informação como componente da política nacional. Revista económica - XXI. 2010. № 3-4. pp. 42-46.Argyropoulou, Maria. 2013. "EFICÁCIA DOS SISTEMAS DE INFORMAÇÃO E DESEMPENHO ORGANIZACIONAL Uma Tese Apresentada para obtenção do Grau de Doutor em Filosofia Por." 0-381.
21. Gerald Nyamaiko Mutoro Wangutusi. (2013). Uma exploração de como o comportamento do utilizador BYOD (Bring Your Own Device) tem impacto numa. UNIVERSIDADE DE NAIROBI.

APÊNDICES

Apêndices N.º 1: Entrevista

Entrevista

As perguntas feitas na entrevista para Yemen Petroleum Company:

1- Qual é o seu nome e o seu cargo na Yemen Petroleum Company?

2- Há quanto tempo trabalha na Yemen Petroleum Company?

3- Porque é que precisamos de utilizar um sistema de informação no trabalho?

6- Quais são os problemas ou desafios dos sistemas de informação na Yemeni Oil Company?

7- Como melhorar os sistemas de informação na Yemeni Oil Company?

8- Que mecanismos serão aplicados para controlar e medir o desempenho após a melhoria?

9- Se nivelarmos os sistemas de informação de 1 a 5 (baixo a alto), qual é a posição dos sistemas de informação do seu departamento nesta escala?

Apêndices N.º 2: Entrevista (respondida)

ملحق

ملحق رقم 1: مقابلة

مقابلة

الأسئلة التي طُرحت في مقابلة شركة النفط اليمنية:

1. منذ متى وأنت تعمل في شركة النفط اليمنية؟

منذ عام 1990م (34 عام)

2. لماذا تحتاج إلى استخدام نظام المعلومات في العمل؟

لتسهيل الحصول على البيانات وربط مختلف الدوائر في الشركة وسرعة الإنجاز ودقة البيانات زيادة فعالية واداء الشركة اضافة الى تعزيز كم هائل من المعلومات وتقديم وسيلة تواصل وتعاون سريعة ودقيقة.

3. ما هي المشاكل أو التحديات التي تواجه نظام المعلومات في شركة النفط اليمنية؟

معالجة مقاومة التغيير، قد يكون التغيير صعباً ومقاومة من بعض الموظفين تنفيذ نظام جديد لذا يجب اشتراك الموظفين في عملية صنع القرار وايصال فوائد نظام المعلومات.

4. كيف يمكن تحسين نظم المعلومات في شركة النفط اليمنية؟

زيادة برامج التدريب ومواكبة العصر

تحديث الأجهزة والبرامج بانتظام - تنفيذ تدابير أمنية قوية

تحسين عمليات الاتصال والتنسيق داخل الشركة عبر مشاركة المعلومات بين الأقسام المختلفة لتوفير الوقت والجهد في نقل المعلومات

5. ما الآليات التي ستطبقها لمراقبة وقياس الأداء بعد التحسين؟

متابعة نسبة الإنجاز للعمل

مراقبة سير المعلومات بين مختلف الأقسام

6. إذا قمنا بتقييم نظم المعلومات من 1-5 (من منخفض إلى مرتفع)، فما هو موقع نظام المعلومات في ادارتك على هذا المقياس؟

4

ملحق

ملحق رقم 1: مقابلة

مقابلة

الأسئلة التي طُرحت في مقابلة شركة النفط اليمنية:

1. منذ متى وأنت تعمل في شركة النفط اليمنية؟

منذ حوالي ٢٤ سنة

١٠/٥/٢٠٠٠م

2. لماذا تحتاج إلى استخدام نظام المعلومات في العمل؟

سرعة وسهولة ودقة البيانات المتعامل بها في الشركة

3. ما هي المشاكل أو التحديات التي تواجه نظم المعلومات في شركة النفط اليمنية؟

التحديثات في البيانات بناء على المتغيرات الحاصلة في شركة النفط مما يتطلب التحديث في البرامج ليواكب هذه التغيرات.

4. كيف يمكن تحسين نظم المعلومات في شركة النفط اليمنية؟

نظم المعلومات في الشركة يقوم بالعديد من المهام منا برامج وربط شبكي بأحدث الوسائل والتقنيات

5. ما الآليات التي ستطبقها لمراقبة وقياس الأداء بعد التحسين؟

- السرعة - دقة البيانات - رضا الموظفين عن اداء نظم المعلومات في الشركة وتقبلهم للتطور في الاداء.

6. إذا قمنا بتقييم نظم المعلومات من 1-5 (من منخفض إلى مرتفع)، فما هو موقع نظام المعلومات في ادارتك على هذا المقياس؟

- تقييمي هو موقع مرتفع قد يصل الى (5).

Apêndice n.o 3: Questionário

Caro(a) Senhor(a),

Por favor, participe num inquérito conduzido pela investigadora Amna Fadel Mansour, estudante de mestrado em Sistemas de Informação Empresarial, sob a supervisão do Dr. Nabil Mohammed Ali Mansur - Universidade de Ciência e Tecnologia .

Este inquérito tem como objetivo analisar as oportunidades de desenvolvimento de um sistema de informação na Yemen Petroleum Company, centrando-se na sucursal de Aden. As suas opiniões são valiosas e a sua participação é voluntária e confidencial. Assegure-se de que as informações fornecidas serão utilizadas apenas para fins de estudo e apresentadas de forma anónima.

O inquérito demora cerca de 10 minutos a ser concluído. Há perguntas de escolha múltipla e pode saltar algumas perguntas ou parar em qualquer altura. O seu apoio é crucial para o sucesso do estudo, pelo que agradeço desde já a sua participação.

Se tiver quaisquer perguntas ou comentários, não hesite em contactar-me por correio eletrónico paraamnafadel44@gmail.com . A vossa colaboração é muito apreciada.

Investigadora: Amna Fadel Mansour

Visão geral do estudo....

O objetivo desta investigação é avaliar os sistemas de informação existentes na sucursal de Aden do YPC, incluindo os pontos fortes e fracos, identificar oportunidades específicas de desenvolvimento dos sistemas de informação para responder às necessidades da empresa e avaliar o impacto potencial da adoção de sistemas de informação em desenvolvimento no YPCA.

Problema de investigação:

Quais são as oportunidades de desenvolvimento de um sistema de informação na Yemen Petroleum Company?

SECÇÃO A: Informações gerais

Por favor, preencha todas as seguintes perguntas, colocando um visto (✓) nas caixas: -

1Género:

□ Masculino□ Feminino

2- Grupo etário:

□ Menos de 20 anos□ 21-25 anos□ 26-30 anos□ 31-35 anos□ 36-40 anos

45-41□ anos□ Mais de 45 anos

3- Qualificações académicas :

□ Ensino secundário□ Diploma□ Bacharelato□ Mestrado□ Doutoramento

-4Cargo atual:

□ Diretor de departamento□ Chefe de departamento□ Empregado

5 anos de experiência profissional:

- Menos de 1 ano

- 1-2 anos
- 3-5 anos
- 6-10 anos
- 11-15 anos
- 16-20 anos
- Mais de 20 anos

SECÇÃO B:

1- Problems or Challenges of Information Systems in Yemeni Oil Company (Problemas ou Desafios dos Sistemas de Informação na Companhia Petrolífera do Iémen):

Assinale com um visto (V) o item que considera ser um problema ou um desafio para os sistemas de informação na empresa. (Por favor, selecione apenas um item)

[Deficiências na segurança e proteção dos dados.

[Falta de integração e de compatibilidade entre os diferentes sistemas.

[Dificuldade de adaptação às mudanças nos requisitos de trabalho e no ambiente externo.

[Qualidade deficiente dos dados e dificuldade de acesso aos mesmos.

[Falta de flexibilidade e de capacidade de reação face aos desafios e às mudanças.

[.6 Desafios em conformidade com os regulamentos e as normas jurídicas .

[.7 Desafios em matéria de manutenção e apoio técnico aos sistemas.

[.8 Outros, especificar :

Faça um círculo à volta do número que melhor corresponde à sua opinião sobre a afirmação.

A escala representa:

1	2	3	4	5
Discordo totalmente	Discordo um pouco	Nem discordar nem concordar	Concordo um pouco	Concordo plenamente

2- Medição do desempenho atual:

Avaliação da qualidade e do desempenho dos actuais sistemas de informação:

	Q	Discordo totalmente	Discordo um pouco	Nem discordar nem concordar	Concordo um pouco	Concordo plenamente
*	Global sistema desempenho					
1	-Estabilidade do sistema e ausência de falhas	1	2	3	4	5
2	Velocidade e capacidade de reação	1	2	3	4	5
3	Considera que os actuais sistemas de informação satisfazem as necessidades dos	1	2	3	4	5

	utilizadores e facilitam as suas tarefas?					
4	Considera que os actuais sistemas de informação são capaz de adaptar-se para alterações nas necessidades de trabalho e externas ambiente?	1	2	3	4	5
5	Considera que os actuais sistemas de informação proporcionam um elevado nível de segurança dos dados e proteção?	1	2	3	4	5
6	Considera que os actuais sistemas de informação são capazes de enfrentar os desafios futuros?	1	2	3	4	5
*	Qualidade dos dados					
1	Concorda com a exatidão e a coerência dos dados?	1	2	3	4	5
2	Concorda com a disponibilidade de	1	2	3	4	5
	dados e facilidade de acesso aos mesmos?					
*	Segurança do sistema:					
1	Concorda com o nível de proteção e segurança dos dados?	1	2	3	4	5

2	- Facilidade de implementação e gestão das medidas de segurança:	1	2	3	4	5
*	Integração de sistemas					
1	Capacidade do sistema para se integrar com sistemas externos:	1	2	3	4	5
2	Disponibilidade e utilização de interfaces e tecnologias de programação integradas:	1	2	3	4	5
*	Suporte e manutenção do sistema:					
1	Qualidade do apoio técnico e da manutenção contínua:	1	2	3	4	5
2	Facilidade de aplicação de actualizações e correcções:	1	2	3	4	5

3- Análise de dados:

- Efectua análises de dados na empresa?

[ ] - Sim - [ ] Não

- Em caso afirmativo, quais são as ferramentas ou o software que utiliza para a análise de dados?

[ ] - Microsoft Excel - [ ] SQL Server - [ ] SPSS - [ ] Power BI - [ ] Python

- Quais são as principais fontes de dados que analisa?

[ ] - Bases de dados internas da empresa

[ ] - Ficheiros Excel

[ ] - Dados do cliente

[ ] - Dados de vendas

[ ] - Dados de produção

[ ] - Dados relativos aos recursos humanos
[ ] - Dados das redes sociais
[ ] - Dados Web

- Que tipo de análise efectua aos dados? (Escolha apenas uma resposta)

[ ] - Análise exploratória para descobrir tendências e padrões
[ ] - Análise pormenorizada para compreender as relações e variações entre variáveis
[ ] - Análise preditiva para antecipar tendências futuras e tomar decisões

4- Melhoria:

Que medidas tenciona tomar para melhorar a qualidade e o desempenho dos sistemas de informação?
[Melhorar os processos de documentação e de orientação dos empregados.
[ ] - Desenvolver programas de formação para melhorar as competências técnicas e profissionais.
[Atualizar a tecnologia e as infra-estruturas de rede.
[ ] - Desenvolver políticas de cibersegurança e reforçar a proteção da segurança.
[Melhorar os processos de manutenção e de apoio técnico aos sistemas.
[ ] - Analisar e melhorar as operações comerciais e fornecer soluções tecnológicas para aumentar a eficiência.
[ ] - Outros factores, especificar :

5- Controlo:

.1Que mecanismos serão aplicados para controlar e medir o desempenho após a melhoria?
[ ] - Implementar um sistema integrado de acompanhamento e análise do desempenho do sistema através de ferramentas técnicas.
[ ] - Estabelecer indicadores de desempenho específicos e controlá-los regularmente para medir o desempenho global do sistema.
[Aplicar processos de avaliação periódica do desempenho do sistema e compará-lo com as normas e objectivos estabelecidos.
[ ] - Organizar reuniões regulares para a equipa de projeto para analisar o desempenho do sistema e identificar os pontos fortes e fracos.
[Fornecer relatórios regulares à direção da empresa descrevendo o desempenho do sistema e os níveis de melhoria.
[ ] - Outros factores, especificar :

Obrigado pelo vosso tempo. A vossa cooperação é muito apreciada.

MIX
Papier aus verantwortungsvollen Quellen
Paper from responsible sources
FSC® C105338

Printed by Books on Demand GmbH, Norderstedt / Germany